クレンジングをやめたら
肌がきれいになった

北島 寿

Introduction

はじめに

丁寧にスキンケアしていても肌が乾燥してしまう。ニキビや肌荒れが治らない。早いうちからシワやたるみが目立ってきた……。美容・健康への関心が高まり、化粧品や美容法は進化し続けていても、肌トラブルがなくなることはありません。なぜでしょう？　その理由を考えると、毎日の「クレンジング」という行為に答えがいきつきます。

今、メイクコスメはとても進化していて、肌に密着してくずれにくいものが増えました。それを落とすには洗浄力の強いクレンジングが必要になります。そういったクレンジングは肌が本来もつバリア機能に影響を与えてしまいます。すると、肌が自らの潤いを守れなくなり、外部刺激の影響を受け、さまざまなトラブルが起こってしまうのです。

　私は科学者として皮膚や化粧品を研究してきた経験から、クレンジングをやめることが、肌トラブルを解決するのに有効だと思っています。肌を守り、美しく装うためにメイクをしても、落とすのにクレンジングは使わない。それこそが、素肌がきれいな人になる近道なのです。

現在46歳、すっぴんの私です。ミネラルコスメでメイクをして、クレンジングを使わずに 15 年以上過ごしたら、肌トラブルが気にならなくなりました。メイクはもちろん必要なものですが、すっぴんでも過ごせる素肌をもつことは、心に自信を与えてくれます。

クレンジングをやめれば
肌がきれいになり、
肌がきれいになれば
表情も輝く。
きれいの連鎖が
始まります。

北島 寿

MiMC代表・開発者

Contents

Chapter

1

クレンジングをやめると肌がきれいになる理由

クレンジングは、一日の役目を終えた
メイクや汚れを落とすもの。肌にとって不要な
汚れを取り去る、という行為自体は必要なことです。
「汚れを落とすものなんだから、クレンジングは
肌にとっていいものだ」と思う方も
多いかもしれません。でも、実際はその逆。
クレンジングでメイクを落とすことを
繰り返していると、肌がどんなダメージを
受けてしまうのか、それはなぜなのか。
どうして、クレンジングを使わないと
メイクが落ちないのか。この章では
クレンジングについて、しっかりご紹介します。

「クレンジングは肌にいい」は間違いです

「肌の奥から汚れがとれる」「ミルククレンジングで肌が潤う」などといったイメージもあり、クレンジングが肌に悪い、と思っている方は、なかなか少ないかもしれません。

前提として、メイクを落とさずに寝るのは肌にとって良くないことです。一日を過ごした肌の上のメイクには皮脂や汗、ホコリなどが付着していて、放っておくと毛穴を詰まらせたり、酸化して肌を刺激したりします。

また、汚れを落とすということは、肌を清潔にする以上の意味をもっています。汚れとともに肌表面の不要になった角質を落とすことで、肌のターンオーバー（生まれ変わり）のリズムが整い〝健康でバリア機能の高い肌〟をキープすることができます。肌はバリア機能が高いと乾燥しにくく、多少のことではゆらがない、なめらかで透明感あふれる美しさをキープ。バリア機能は美肌の要と言えるものです。

　ところが、クレンジングはこの大切な肌のバリア機能を乱し、乾燥やトラブルを引き起こす一因となってしまいます。それがたとえ、肌に優しそうなクリームやミルクでも、です。

　クレンジングがメイクを落とすメカニズムをご紹介しましょう。一般的なメイク製品には、もちや仕上がりを良くするために、合成ポリマー、シリコーン、合成ワックスといった、主に油性の化学成分（詳しくはP.14〜19へ）が配合されています。これらを落とすには、油で溶かすオイルか、油を水になじませる界面活性剤、あるいはアルカリの力を借りるしかありません。特に界面活性剤の力は重要で、クレンジングと呼ばれる製品のほぼすべてに配合されています。

　しかし同時に、この界面活性剤は肌のバリア機能にも大きく影響を与えてしまうのです。

クレンジングが肌を乾燥させてしまう仕組み

健康な肌は表面にバリア機能があり、内側の潤いを守っています

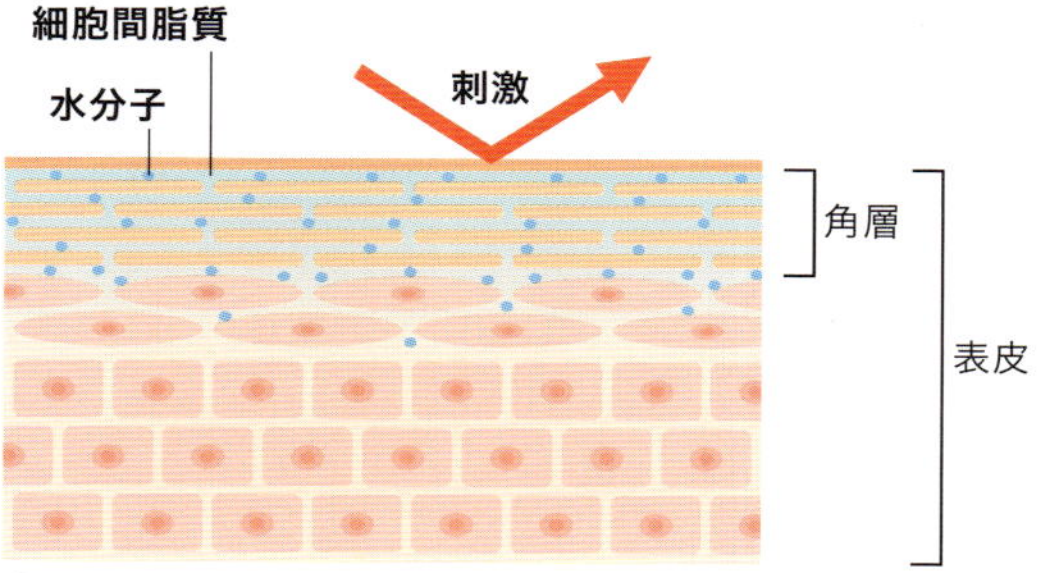

肌の最も表面にある「角層」には、肌を外的刺激から守るための細胞（角層細胞）が並び、その隙間を「細胞間脂質」という潤い成分が埋めています。この構造が密である肌はバリア機能が高く、潤いをしっかり保つことができて、外的刺激の影響も受けにくい状態。健康で美しい肌をキープできます。

強いクレンジングで
バリア機能が奪われると、
潤いを保てない肌に……

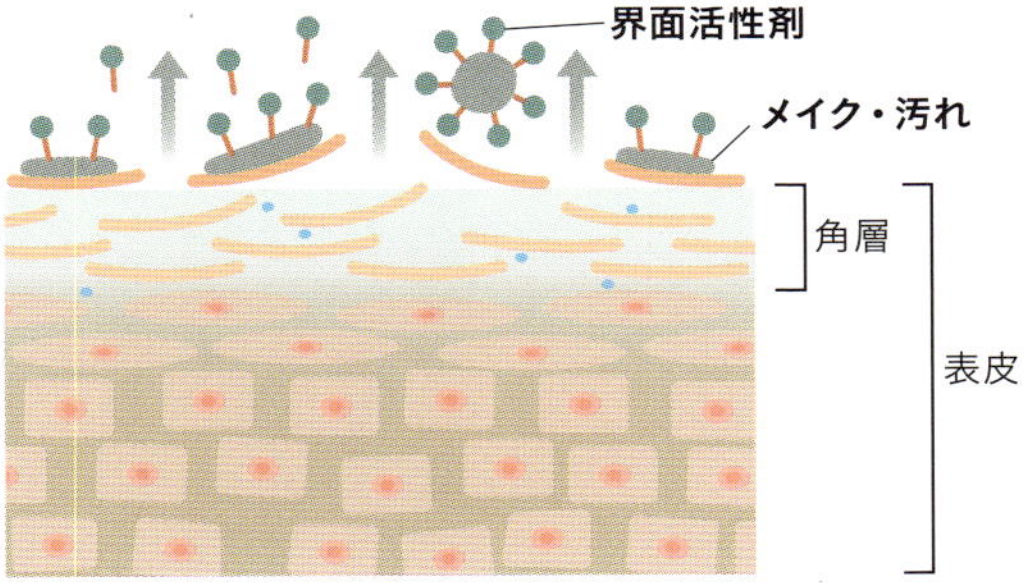

クレンジングに配合されている「界面活性剤」とは、油を水になじませる性質をもつもの。肌に密着している油性のメイクを浮かせてすすぎ落とすことができますが、同時に、角層の細胞間脂質も洗い流してしまいます。すると肌のバリア機能が乱れ、肌荒れやニキビ、炎症などのトラブルが起こりやすくなります。

でも、落ちないメイクは
クレンジングで
落とすしかない

肌のバリア機能を乱し、乾燥や肌荒れの原因となるクレンジング。でも実際、今日からクレンジングをやめよう！と思っても、すぐに実行できるものではありません。クレンジングを使わず洗顔だけしても、メイク製品の多くは落としきれず、肌の上に残ってしまうからです（何度も洗ったりゴシゴシこすって無理やり落とすと、それはそれで肌の負担になります）。

多くのメイク製品には、くずれを防ぎ、仕上がりを美しくするために「ポリマー」が含まれています。下地やファンデーションを塗ると、肌がつるんとなめらかに見え、ふっくらハリが出たように感じますよね。これはポリマーの皮膜形成効果によるものです。ポリマーとは物体が多数つながったものの総称であり、そのすべてが悪というわけではありませんが、合成の油溶性ポリマーには要注意。撥水性が高くラップフィルムを張ったようなツヤが出るので、落ちにくいファンデーションや口紅などに使われ、クレンジングを使わないと落とすことができません。

　ポリマーと同じような役割で使われているのが「シリコーン」。水にも油にもなじみにくいので、シリコーンを配合するとメイクがぐんとくずれにくくなります。その分、界面活性剤の力を借りないとなかなか落ちません。他にも固形オイルの合成ワックス、肌を染めるように色づく染料など、洗顔料だけでは落ちにくい成分はたくさんあります。

　メイクとは、肌や顔を美しく魅力的に見せるもの。その力を高め、長持ちさせるために開発された成分が、落とすとき肌にダメージを与える。それによって、さらにメイクを塗り重ねないときれいに見えない……。そんな悪循環に、あなたも陥っていませんか？

ポリマー（合成）

肌に密着して落ちにくい皮膜を形成。ツヤや潤い感を演出する成分

ポリマーとは固有の成分名ではありません。「モノマー」（単量体）と呼ばれる物体の基本単位がたくさんつながったものを「ポリマー」（重合体）と呼びます。天然のコラーゲンやヒアルロン酸などもポリマーの一種ですが、ここで言う落ちにくいポリマーとは、合成の油溶性ポリマー（水溶性にも一部落ちにくいものはあります）。肌にピタッと密着し、水分を抱え込むのできれいなツヤとハリ感を演出できる分、膜を作って簡単には落ちません。

化粧品にはこんな成分名で配合されています

ポリウレタン-11、（ジメチコン／メチコン）コポリマー、カルボマー、メタクリル酸メチルクロスポリマー、（エチレン／プロピレン）コポリマー、アクリレーツコポリマー

シリコーン

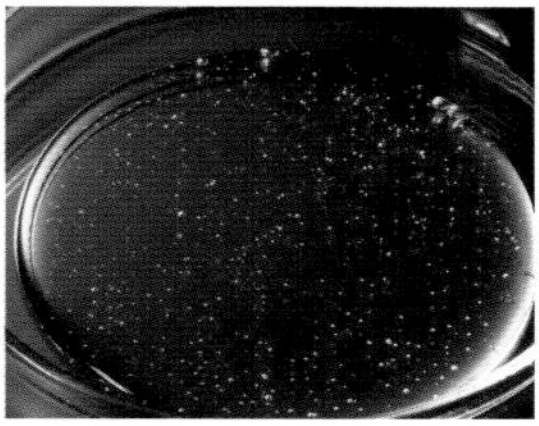

肌をサラサラに。水にも油にもなじみにくいからくずれない

シリコン（ケイ素という金属）にメチルアルコールなどを結合させた化合物。熱に強く安定性も高いので、日常生活でさまざまに使われています。サラサラ、ツルツルとした感触で水にも油にもなじみにくく、化粧品にはもちを良くしたり、毛穴をカバーしたり、顔料（色素）の色ぐすみを防ぐために使用。汗・皮脂に強いので、日焼け止めやファンデーション、カラーアイテムにも多く配合されています。スキンケアのクリームに入っていることも。

化粧品にはこんな成分名で配合されています

ジメチコン、メチコン、シクロメチコン、シクロペンタシロキサン、PEG-10 ジメチコン、ジフェニルシロキシフェニルトリメチコン、パーフルオロアルキル(C4-14) エトキシジメチコン、トリフルオロアルキルジメチルトリメチルシロキシケイ酸、ラウリル PEG-9ポリジメチルシロキシエチルジメチコン

ワックス（合成）

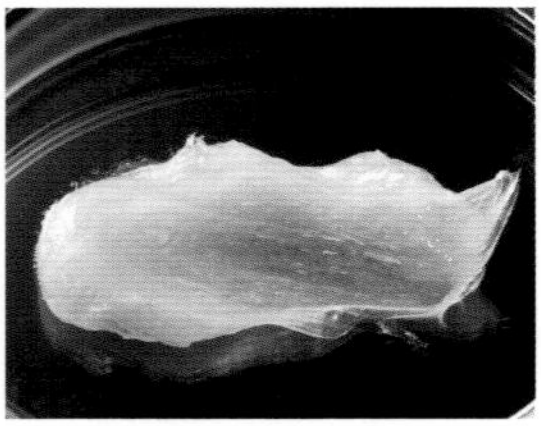

口紅や固形コスメの形状となめらかさをキープ。ツヤ出し効果も

融点が高い（常温では溶けにくい）固形状の油分。粘りが強く、光沢があり、酸化を防いで安定性を保つので、口紅やスティックカラー、コンシーラーなど固形のアイテムに多く使用されます。ミツロウやカルナウバワックスなどの天然ワックスは洗顔で落とすことができますが、石油系の合成ワックスにはほぼ親水性がないため、洗浄力の高い界面活性剤を配合したクレンジングを使わないと落とせません。

化粧品にはこんな成分名で配合されています

合成ワックス／セレシン／パラフィン／マイクロクリスタリンワックス　など

染料（合成着色料）

ティントリップなどに配合。肌を染めるように色づいて落ちにくい

化粧品に配合される色材には、天然色素と有機合成色素（染料・有機顔料）、無機顔料などの種類があります。このうち天然色素と、水にも油にも溶けない粉末の無機顔料は、肌を染めることがなく洗顔料で落とすことができます。染料は、水にも油にも溶ける性質をもち、肌を染めるように色づくので容易には落ちません。ちなみに顔料もシリコーンによく練り込まれて配合されると、肌に付着して落ちにくくなります。

化粧品にはこんな成分名で配合されています

赤色202号、赤色203号、赤色204号、赤色213号、赤色226号、赤色227号、赤色230号、青色1号、黄色4号、黄色5号、黄色204号、橙色205号　など

では、
メイクしないほうが
肌にいい？

先に挙げた〝クレンジングでないと落ちない成分〟は決して特殊なものでなく、一般的な化粧品の多くに含まれている成分です。たいていのものはクレンジングを使えば落とせるので、それ自体が肌に残留して云々……ということはありませんが、クレンジングを使わないと落とせない、というところが問題。また最近の化粧品は日本女性のニーズに応えて汗や皮脂に強く、肌にピタッと密着するようになり、落とすにはより強力なクレンジングの力が必要です。クレンジングに含まれる界面活性剤によって肌のバリア機能が乱れると、潤いが逃げやすく、外部刺激の影響も受けやすい〝弱い肌〟になってしまうのは、すでにお話しした通り。

では、そんなメイクはせず、日焼け止めも使わず、すっぴんで過ごすのがベストかというと……私はそう思いません。日焼け止めやメイクには〝肌を守る〟という、大切な役目があります。日中の紫外線は、私たちの肌を衰えさせる最大の要因。皮膚がんなどのリスクもありますから、きちんと防がなくてはなりません。メイクをしていれば、ホコリや大気汚染物質などが素肌に直接付着するのを防ぐこともできます。

それに、メイクをして自分がきれいになったと感じると、心もウキウキ楽しく、自信がついて表情も明るくなりますよね。そういったメンタル面での作用も見逃せません。もちろん、すっぴんがいちばんという人が無理にアイシャドウや口紅を塗る必要はありませんが、素肌の美しさを守るために日焼け止めやお粉だけはつけておきたいものです。

次の章では、私が毎日している〝クレンジングを使わなくても落とせるメイク〟について、お話ししたいと思います。

Chapter 2

石けんオフメイクに替えてみよう

肌のきれいを損なうクレンジングを使わずに
メイクを楽しむ――その方法は、ただひとつ。
お湯や石けんだけですっきり落ちるメイクアイテムを
使うことです。合成成分を使わず、天然原料で
作られているナチュラルコスメやミネラルコスメが
それにあたります。私は30代前半の頃、
アメリカのサンフランシスコで暮らしていたとき
ナチュラル&ミネラルコスメに出合いました。
今は自ら開発しているミネラルメイクを使い、
石けんで落としていますが、シンプルケアでも
乾燥しにくい肌をキープしています。この章では
〝石けんオフメイク〟の仕組みや魅力をご紹介します。

このメイク、
すべて石けん洗顔1回で
落とせます。
色も質感もあきらめず、
おしゃれなメイクを
欲張りに楽しんで──

自然由来の成分は、石けんで落ちます

自然由来の成分で、肌に頑固に密着して落ちないというものはほぼありません。落ちにくい合成成分を使わずに作られたナチュラルコスメを選べば、たとえフルメイクしてもクレンジングを使わず洗顔だけで落とすことが可能です。

自然由来というと、くずれやすかったり、発色がぼんやり……なんてイメージがあるでしょうか。前のページで女優の安達祐実さんがまとってくれたメイクは、オールナチュラルコスメの〝石けんオフメイク〟。みずみずしいツヤ肌も鮮やかな赤リップも、シックなグレーのアイメイクも、存分に楽しむことができるのです。

私は「ＭｉＭＣ《エムアイエムシー》」というブランドで、厳選した天然成分を使ったコスメを開発しています。ミネラルや植物、果実などを原料にした色材の鮮やかな色は合成原料と遜色なく、製法によってさまざまな色や質感を表現することができます。さらに、ミネラルを使ったベースメイクは配合バランスによってカバー力を上げることも、薄づきのナチュラル仕上げにすることも可能。肌に吸いつくようにぴったり密着し、時間が経つほどに皮脂となじんでツヤがアップ。ヨレやくすみも感じさせません。ミネラルの中でも酸化チタンと酸化亜鉛には、肌へ負担をかけずに紫外線をカットする効果があります。

クレンジングを使わず、肌に優しいメイクをするからといって、きれいやおしゃれには妥協したくない。そんな人も納得できるのが、合成成分を使わないナチュラルコスメのメイクアイテム。軽やかでしっとり、ストレスフリーなつけ心地も特長です。

こんな成分なら、
石けんで落ちて
仕上がりもきれい！

「ミネラル」

カバー力と密着力があり
ベースメイクを始め
さまざまなメイクに使用

ミネラルとは、古くから私たちの身の回りにある天然の鉱物のこと。それを砕いてパウダー状にしたものを、メイクアイテムに使用します。肌に土がついたときのようにピタッと密着するのに、石けんでするりと落とすことが可能。ミネラルファンデーションの主な原料は、輝きのもととなる「マイカ」、カバー力と紫外線防止効果に優れた「酸化チタン」、抗炎症効果のある「酸化亜鉛」、着色料として使われる「酸化鉄」という４つのミネラルです。

化粧品にはこんな成分名で配合されています

マイカ／酸化チタン／酸化亜鉛／酸化鉄／カオリン／シリカ／グンジョウ／コンジョウ／ダイヤモンド末／セリサイト　など

植物オイル

なめらかなつけ心地と
しっとりした潤い感、
ツヤを生み出す

化粧品原料としてのミネラルは、そのままではルースパウダー状。使いやすいプレストタイプのミネラルファンデーションの多くは、ミネラルに植物オイルを混ぜて固めています。また、口紅やチーク、アイシャドウにも液状や固形の植物オイルが配合され、しっとりなめらかなつけ心地に一役買っています。

化粧品にはこんな成分名で配合されています

ヒマシ油／アーモンド油／ヤシ油／ブドウ種子油／バオバブ種子油／アボカド油／オリーブ果実油／アサイヤシ果実油／マカデミアナッツ油／ステアリン酸／トコフェロール／キャンデリラロウ／コメヌカロウ　など

植物由来エキス

主にリキッド状コスメに
配合。肌をみずみずしく、
メイクしながらスキンケア

リキッドファンデーションやリキッドアイシャドウなど、主にウォーターベースのコスメの乾燥を防ぐために使用。植物から抽出したエキスはそれぞれパワーをもっていて、メイクしながら素肌をいたわり、美しく整えてくれます。MiMC ではマクロビオティックの“ホールフーズ発想”で、植物の皮も実も種もできるだけ丸ごと使用し、栄養たっぷりのエキスを抽出しています。

化粧品にはこんな成分名で
配合されています

セルロース／ユーカリエキス／ラベンダーエキス／ローズマリー葉エキス／アロエベラ葉エキス／カミツレ花エキス／カンゾウ根エキス／ハスエキス／アルニカ花エキス／モモ葉エキス
など

天然色素

ミネラルや野菜、果物の色鮮やかさを肌の上で再現

ミネラルの中でも着色料に使われる酸化鉄は、温度や時間、空気吹き込み量などを調整しながら焼くことで、さまざまな色に発色させることができます。また、野菜や花など色鮮やかな天然素材は、その色素がカラーコスメの着色原料になります。

化粧品にはこんな成分名で配合されています

酸化鉄／パプリカ色素／スオウ樹皮エキス／ハイビスカス色素／カニナバラ果実油（ローズヒップ）／ウミクロウメモドキ油（サジー）／ベニバナ赤／カロチン／クチナシ青／マンガンバイオレット　など

石けんオフメイクは、それ自体が肌にも優しい

落ちにくいメイクは肌にピタッと密着するので、くずれない安心感があるかもしれません。でも石けんでオフできるメイクに切り替えてみると、そのストレスフリーな心地よさに驚くはず。肌をラップのように覆ってしまわない分、重さがなく軽やか。汗の蒸散を妨《さまた》げないので、肌本来の機能を低下させることがありません。

　さらに、ミネラルファンデーションに含まれる酸化亜鉛には、高いスキンケア効果も。肌を鎮静し、細胞の活性を促す働きがあります。他に配合されている植物オイルや植物由来エキスは、肌の潤いを守り、エネルギーをチャージしてくれるでしょう。

　クレンジングをしなくて済むというだけでなく、石けんオフメイクには、それ自体に肌を優しくいたわり、健康に導く効果があるのです。

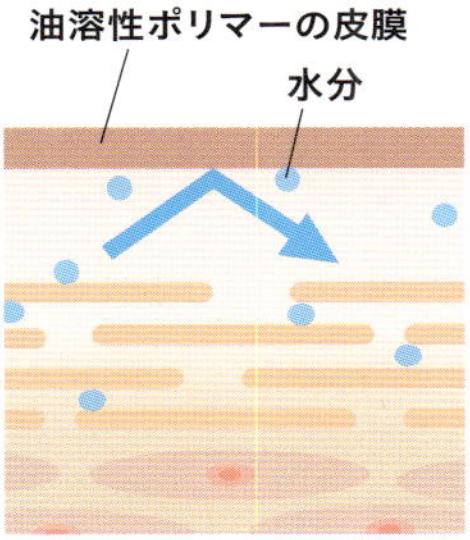

石けんで落ちないメイクは、
密着力が高く
肌に負担がかかりやすい

下地やファンデーションなどに配合された合成の油溶性ポリマーは、肌をまるでラップフィルムのようにピタッと覆い、汗や不要な水分の蒸散を妨げがち。吹き出物などトラブルの一因になります。落とすときはクレンジングの界面活性剤で肌の潤いも奪うことに。

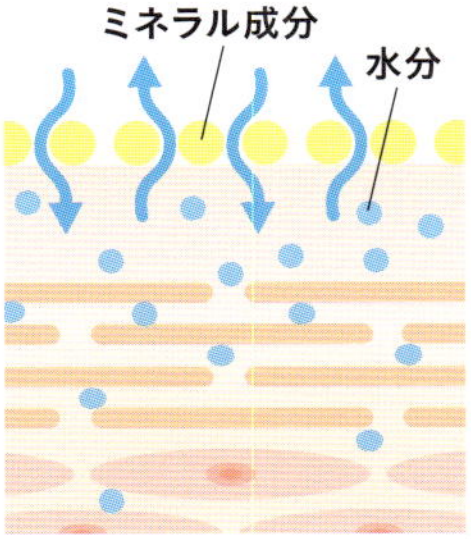

石けんオフメイクは、
通気性があるので
肌に負担をかけない

肌や顔だちを美しく彩り、紫外線など外的な刺激から守って、夜は洗顔だけでスッキリ落とせる石けんオフメイク。肌に不要な負担をかけないばかりか、配合されている酸化亜鉛や植物オイルがスキンケア効果を発揮。メイクしながら素肌まで美しく！

Chapter 1 & 2 まとめ

石けんオフメイクに替えるメリット

落ちにくいメイクをしていると……

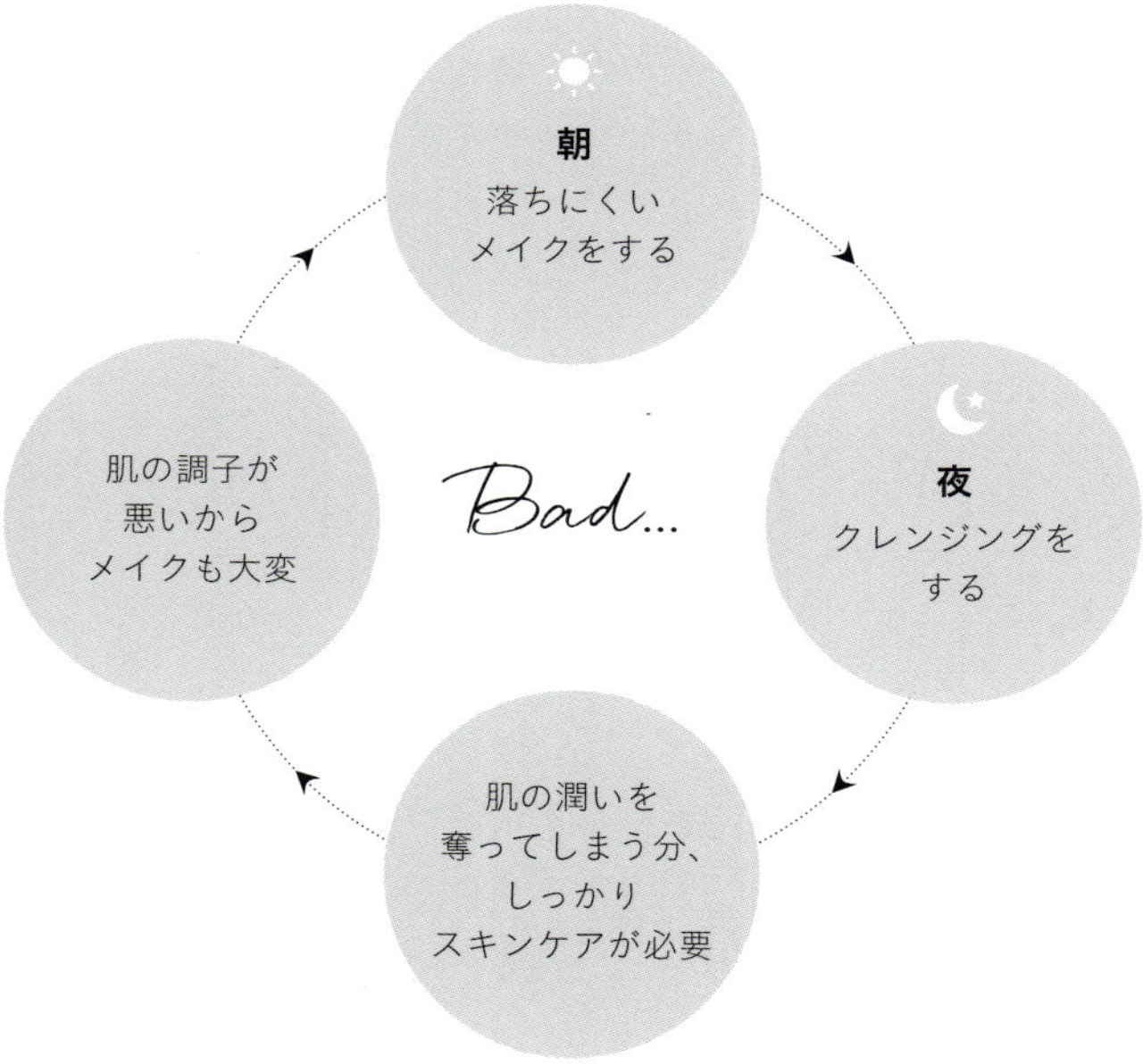

落ちにくいメイクをすると、日中の肌の水分蒸散が妨げられるというストレスがかかり、さらに夜にはクレンジングという大きなストレスが！　汚れと一緒に肌の潤いまで洗い流してしまい、肌が本来もつバリア機能が乱れて乾燥しやすくなります。するとスキンケアでリッチなクリームなどを塗らないと追いつかなくなり、調子の悪い肌をカバーすべくメイクも厚塗りに……。

石けんオフメイクをしていると……

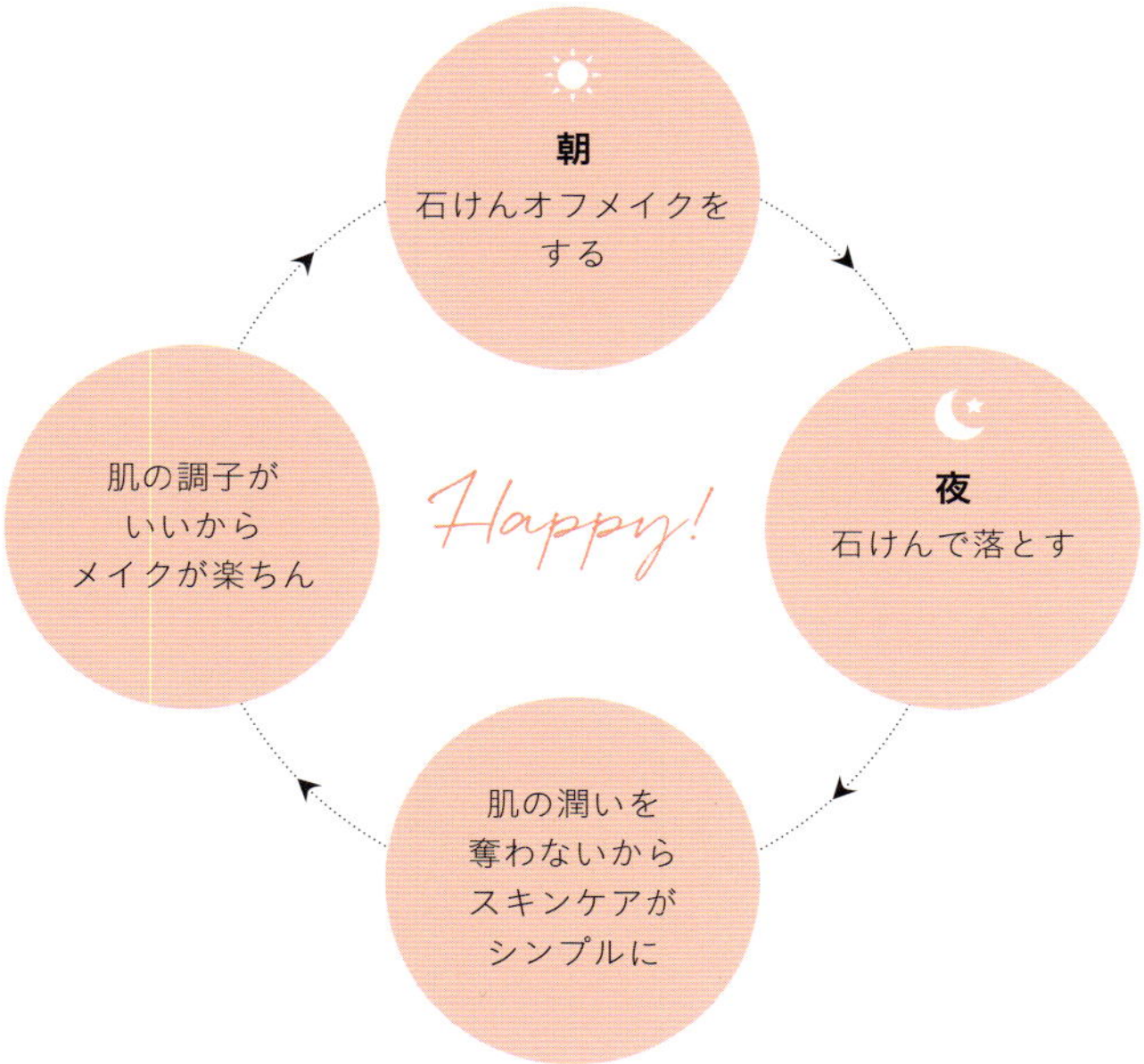

日中は石けんオフメイクのストレスフリーな軽さを楽しみつつ、紫外線などの外敵からガード。夜は石けんですっきり落とします。洗顔することで多少の潤いは奪われるものの、化粧水で水分を補い、油分でフタをする程度のシンプルケアで潤い復活。本来の機能が整い、健康な美しさを手に入れた肌は、ナチュラルメイクでも充分にきれい。時短で快適な日々が始まります。

石けんオフメイク体験談１ ▷ 安達祐実さん

「最近、クレンジングを休む日が増えました」

——本書でメイクモデルを務めるのは、女優の安達祐実さん。出演してくださることになったきっかけは、安達さんがＭｉＭＣのコスメで石けんオフメイクを始めたことでした。

「30代半ばになって、以前より肌の乾燥を感じるようになり、吹き出物ができたりもして、スキンケアやメイクをどう変えていこうかと、いろいろトライしていたんです。そんな中で、クレンジング不要のミネラル

メイクに出合いました。クレンジングが肌を乾燥させる原因になると知ったのも、そのとき。思えば、仕事で長年ハードなメイクとクレンジングを繰り返していましたから、肌が悲鳴をあげるのも当然ですよね。今は、オフの日やメイクの自由がきく撮影のとき、週に２～３回、石けんオフメイクを取り入れています。始めて１カ月たち、肌の乾燥が徐々に落ち着いてきて、ニキビができても治りが早くなった気がします。周りの人から『肌にツヤがあるね』と褒めてもらえることが増えて、とてもうれしいですね。それになにより、夜は石けん洗顔だけでＯＫというのが、とってもラク！　気持ち的にも『あーメイク落とさなきゃ』というストレスがなくなり、それが肌の調子の良さにもつながっているのかなという気がします。石けんオフメイク、おすすめです！」

Yumi Adachi

あだち・ゆみ／女優。1981年、東京都出身。子役として注目を集め、その確かな演技力を武器に現在まで途切れぬ活躍を続ける。夫である写真家の桑島智輝氏が日々撮影する写真をオフィシャルギャラリーで発表し、評判に。http://yumiadachi.com

続きの体験談は P.136 に

Chapter 3

まずはベースメイクを石けんオフに

Chapter1・2をお読みいただき
「クレンジングをやめて、肌に負担をかけない
石けんオフメイクにトライしてみたい」と
思われた方へ。ここからは、具体的な取り入れ方と
アイテム選びの方法をご紹介したいと思います。
ベースメイクからリップ、チーク、アイメイクまで、
すべてのメイクを石けんオフに切り替えることが
できますが、まず始めるとしたらベースメイク。
面積が広い部分だけに効果がわかりやすく、
肌を覆わない開放感も楽しめます。
メイク指導はファッション誌などで活躍中の
ヘア＆メイク、河嶋 希さんにご協力いただきました。

メイク指導

ヘア＆メイクアップアーティスト
河嶋 希さん

トレンドを押さえつつ真似しやすいおしゃれなヘア＆メイクが、幅広い世代に人気。MiMCのアイテムは以前から数多く愛用中。io所属。

Item _ 01　*Powder foundation*

パウダーファンデーションで、手早くきちんと肌

〈上〉ミネラルパウダーを固めるためのポリマーや合成化合物は一切使わず、ミネラルと植物オイルだけで固めたパウダーファンデーション。なめらかで粉っぽさを感じさせず、透明感のある仕上がり。ミネラルエッセンスモイスト SPF40・PA+++ 全3色 ※使用色はソフトベージュ ¥5800 〈下〉さらっとしてベタつかないスキンケアバームをメイク下地に。11種の美容成分を配合し、日中も肌をいたわる。エッセンスハーブバームクリーム 8g ¥3800／ともに MiMC

石けんで落とせるファンデーションの多くは、ミネラルを主成分とした「ミネラルファンデーション」です。最近は使い勝手や仕上がりの好みに合わせてさまざまな形状のものがあります。中でも人気が高いのは、手早く使えるパウダータイプ。オイルがブレンドされているので、しっとりしたつけ心地が特徴です。

Chapter 3

まずは ベースメイクを 石けんオフに

Item _ 01 *Powder foundation*

How to make-up

1 スキンケアバームを下地として薄くのばす

スキンケアバームを指に米2粒分程度とる。指の腹に薄く広げ、頬の内側から外側に向けてのばす。Tゾーンや細かい部分にもごく薄く。

2 両手で包み込むようにしてさらっとさせる

バームを肌に密着させるように、両手で顔全体を包み込む。表面がさらっとするまでよくなじませると、パウダーが薄く均一につく。

3 ファンデーションはヨレやすい目元から

パウダーファンデーションをスポンジの縁に少量とり、まずは目の周りに塗る。目元のバームがヨレないうちに塗ってしまうのが◎。

4 顔の内側から外側へ全体にのばす

スポンジの1/2面にファンデーションをとり、頬は内→外、額の半分は中心→外側へと塗る。ファンデーションを足し、反対側も同様に。

○ アイテムの詳細は P.44 をご覧ください。

こんなパウダーファンデーションもおすすめです

ミネラルのブレンド方法、つなぎとなるオイルやエキスの
配合バランスによって、仕上がりのツヤ感やカバー力が
変わります。お好みの仕上がりを見つけてください。

**下地いらずのカバー力と
フィット感でなめらか肌完成**

忙しく長時間働く人に◎。夕方までくずれない。タイムレスシマーミネラルファンデーション 全4色 リフィル¥3800（パフ付き）、ケース¥800／エトヴォス

**ボタニカルオイルの潤いで
光を放つしっとりツヤ肌に**

みずみずしくリキッドのようなツヤが出る。オンリーミネラル ミネラルモイストファンデーション SPF35・PA++++ 全５色 ¥4700（ケース・ブラシ付き）／ヤーマン

**ソフトフォーカス効果で
色ムラをしっかりカバー**

ふわっと薄くつくのに、カバー力はしっかり。アリマピュア シルキー プレスドファンデーション 全4色 ¥5400（パフ、ケース付き）／コスメキッチン

**ミネラルを天然コーティング。
夕方まで皮脂ぐすみなし**

植物成分でミネラルをコーティング。乾燥を防ぐ。アメージングオーガニックファンデーション SPF10/13・PA+ 全６色 レフィル¥4000、コンパクト¥1000（パフ付き）／アムリターラ

Item _ 02 *Liquid foundation*

リキッドファンデーションで、みずみずしいツヤ肌

ミネラルに植物オイルやエキスをブレンドし、リキッド状にしたファンデーション。パウダータイプより少し手間はかかりますが、みずみずしいツヤが出て、重ねづけしても粉っぽさがなく自然に仕上がります。リキッドの場合、ナチュラルコスメの中でも石けんで落ちないものがあるので注意して選びましょう。

〈上〉仕上げに使うルースパウダー。ミネラルルーセントパウダー 8g 全1色 ¥3000／エトヴォス 〈中〉淡いベージュ色でくすみを払い、明るく整える下地。アクア・アクア オーガニックトリートメント CC ベース UV SPF31・PA++ 23g 全1色 ¥2600／RED 〈下〉開発に5年もかかった、エアレスコンパクト入りのリキッド。肌の潤いバランスを整える。ミネラルリキッドリーファンデーション SPF22・PA++ 13g 全2色 ※使用色は102 ¥6500（パフ、ケース付き）／MiMC

Chapter 3

まずは
ベースメイクを
石けんオフに

Item _ 02

Liquid foundation

How to make-up

1 下地を顔全体に乳液のようになじませる

小豆粒大の下地を出し、両頬、額、鼻筋において、両手で乳液をのばすようになじませる。顔全体に薄く均一にフィットさせて。

2 ファンデーションは顔の中心部に塗る

小豆粒大のリキッドファンデーションを出し、指に適量とって頬と額の内側にのばす。指に残ったものを鼻筋と目元や口元に薄く。

3 フェイスラインに向けて指でぼかし込む

ファンデーションを塗った境目を、指の腹でフェイスラインに向けてぼかし込む。これで顔の中央が明るく仕上がり、自然な立体感が。

4 フェイスパウダーをくずれやすい部分に

フェイスパウダーをブラシにとり、余分な粉を払ってから、目元、額、小鼻の周りにふわっとなじませる。頬にはつけずツヤを生かして。

○ アイテムの詳細は P.48 をご覧ください。

こんなリキッドファンデーションもおすすめです

石けんで落ちるナチュラルなリキッドファンデーションは少数派。ポリマーやシリコーンはもちろん、合成の乳化剤も使っていないものをご紹介します。

植物オイル&エキスの力で日中もエイジングケア

エイジングケア効果の高い植物由来成分をブレンド。薄づきで美容液をまとったような心地よさ。ファンデーション 30mL 全3色 ¥3500／ロゴナ

薄づきで透明感たっぷり。素肌を生かす仕上がり

肌の水分と皮脂のバランスを整え、テカリを防ぐ。アリマピュア リキッドシルキーファンデーション 30mL 全２色 ¥5700／コスメキッチン

程よいカバー力。メイク直しにも活躍

メイクの上から重ねてもOK。バブー スムース ナチュラル ファンデーション SPF30・PA++ 25g 全１色 ¥4600／ナチュラルハーティーマーケット

下地を超えるカバー力で１本でも１日中美肌

仕上がりはファンデーションと同レベル。さまざまな形のミネラルが毛穴もカバー。美肌カバー下地 SPF39・PA+++ 30mL 全1色 ¥4000／Coyori

こんな形状の
ファンデーションも
おすすめ

Item _ 03 *Loose powder foundation*

ルースパウダーファンデーション

ミネラル100%で作られた、ミネラルファンデーションの原点。ふわっと軽やかな、空気みたいなつけ心地。素肌の延長のような仕上がりで、休日メイクにおすすめです。

〈上〉上質なマイカとダイヤモンド、ゴールドを配合。光を拡散して毛穴をカバー。オンリーミネラル プレミアムファンデーション SPF40・PA++++ 7g 全2色 ※使用色はオークル ¥4500 〈下〉ファンデーションが薄づきなので、色つき下地でくすみをカバー。同 ミネラルプラス ベース ナチュラル SPF27・PA+++ 25g ¥2800／ともにヤーマン

Item _ 04 *Emulsion foundation*

エマルジョンファンデーション

ミツロウなどの固形オイルをミネラルとブレンドした、クリーミィなファンデーション。厚みを出しやすいので、リッチなツヤとカバー力が出て、女らしいなめらか肌に。

〈上〉高いカバー力と空気感を両立。毛穴もカバーする。プレミアム カバー&エアリィ ファンデーション SPF50+・PA++++ 全3色 ※使用色は02 ナチュラルオークル ¥5200／24h cosme 〈下〉肌の凹凸を整え、ベタつかない下地が相性ぴったり。オーガニックファーマシー Cel プロテク サンクリーム SPF30 100mL ¥6900／アットスター

Item _ 03

Loose powder foundation

How to make-up

1 色つき下地を顔の中心部にのばす

小豆粒大の下地を出し、指の腹に適量とって、頬の内側にのばす。額〜鼻筋にも少なめにのばし、指に残ったものを目元や口元に。

2 フェイスラインへぼかし込む

下地を塗った境目を、指の腹でフェイスラインに向けてぼかし込む。首との色の差を出さずに、色つき下地を自然に仕上げるコツ。

3 ファンデーションをブラシにとる

ファンデーションをフタに耳かき1杯分程度出し、手持ちのフェイスブラシにしっかり含ませる。手の甲で余分な粉を払って。

4 顔の中心から外側へくるくるとなじませる

ブラシを頬の内側から外側に向けてらせんを描くように動かして、ファンデーションを薄くつける。額、鼻筋、細かい部分にも薄く。

○ アイテムの詳細は P.52 をご覧ください。

こんなルースファンデーションもおすすめです

成分がほぼミネラルだけのルースファンデーションは、
配合のバランスで特徴が変わります。肌悩みや、なりたい
肌に合わせて選べる4アイテムをご紹介します。

**皮脂に触れてもくすまない
ミネラルで、夕方まで美肌**

ごく薄づきで自然なツヤ感のある仕上がり。ディアミネラル ファンデーション SPF25・PA++ 5.5g 全5色 ¥3000／エトヴォス

**クリーミィなパウダーが
肌をしっかりカバー**

5種のミネラルだけでできたロングセラー。オリジナル ファンデーション SPF15・PA++ 8g 全12色 ¥3800／ベアミネラル

**オイルの力でじんわり
にじみ出るようなツヤ肌に**

ミネラルなどのパウダーをオイルコーティング。美肌オイルフィットファンデーション SPF37・PA+++ 10g 全2色 ¥5200／Coyori

**セミマットでほんのり
ツヤも感じる上質肌に**

ミネラル100％。柔らかく肌に溶け込む。アリマピュア サテンマットファンデーション 6.5g 全8色 ¥4200／コスメキッチン

Item _ 04

Emulsion foundation

How to make-up

1 下地は顔全体に
ごく薄くフィットさせる

小豆粒大の下地を出し、両頬、額、鼻筋において、両手で乳液をのばすようになじませる。顔全体に薄く均一にフィットさせて。

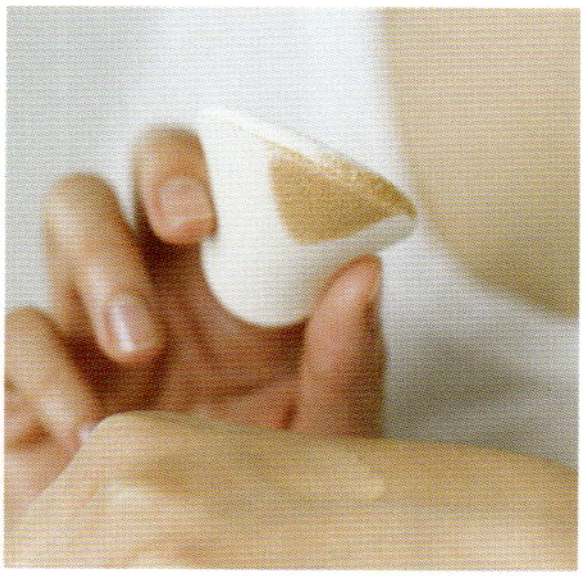

2 ファンデーションを
スポンジにとる

ファンデーションをスポンジの1/4面にとる。この量で半顔分。手の甲で量を調節し、肌にいきなり厚くつかないようにする。

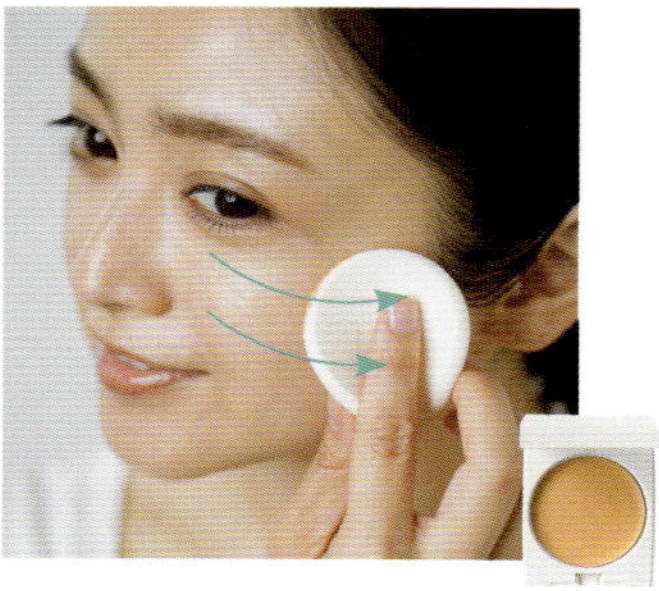

3 顔の中心から外側へ
向けてのばす

頬の内側から外側へ向けてスポンジを動かし、ファンデーションをのばす。額も中央から外側へ。もう半顔も **2** → **3** を繰り返す。

4 スポンジでたたき込んで
なめらかに整える

スポンジに残ったファンデーションを鼻筋や目元、口元に薄くなじませたら、仕上げに全体を軽くたたいてムラをなくし、均一に。

○ アイテムの詳細は P.53 をご覧ください。

こんなエマルジョンファンデーションもおすすめです

オイルたっぷりのエマルジョンファンデーションは、
高いスキンケア効果も期待できるのが特徴。ツヤの
出にくい乾燥肌や、秋冬の乾いた肌には特におすすめです。

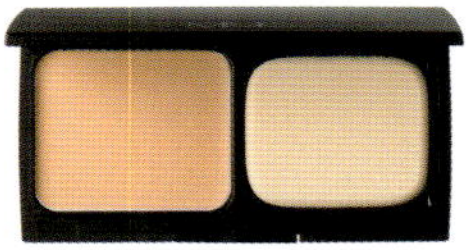

**小ジワや凹凸も
ソフトフォーカス**

こだわりの美容液成分にカバー力の高いミネラルを配合。ミネラルクリーミーファンデーション SPF20・PA++ 全6色 ¥6500／MiMC

**エイジングケアオイル配合の
大人向けファンデーション**

自然なツヤとカバー力。高い保湿効果で乾燥による小ジワを目立たなくする。クリーミーファンデーション 全3色 ¥3400／ロゴナ

**手軽に使える
スティックタイプも便利**

カバー力があり、セミマットな仕上がり。やや落ちにくいのでしっかり洗って。ナチュラグラッセ クリームバーファンデーション SPF50+・PA++++ 全2色 ¥4000／ネイチャーズウェイ

**立体的なスポンジは
使いやすさ抜群**

高いツヤの出るオイルを配合。クリーミィタップミネラルファンデーション SPF42・PA+++ 全3色 ¥5600（パフ付き）／エトヴォス

ファンデーション使い分け・私の場合

P.44～57でご紹介した4タイプのファンデーションは、
シーンに合わせて使い分けるとより心地よく快適に、
服に合わせたおしゃれも楽しめます。例えば私の場合は、こんなふう。
ご自身の気分で、ぜひトライしてみてください。

@desk work

デスクワークの日は「リキッドタイプ」でカジュアルなツヤ肌

オフィスにこもり、来客もないデスクワークの日。空調でどうしても肌が乾燥しやすいので、リキッドファンデーションで潤いをキープします。少量を薄くのばし、軽やかでツヤのある肌に。オフィスのカジュアルファッションにもマッチします。

〈上から〉抜け感のある肌にモードなカラーのチークをプラスして気分アップ。ビオモイスチュアチーク デュオ01 ¥3800　通勤時やランチタイムの紫外線対策に。ナチュラルホワイトニングミネラルパウダーサンスクリーン クリアホワイト SPF50・PA+++〈医薬部外品〉¥6300　チークと色をそろえて。ミネラルカラーリップ03 ¥3500　ミネラルリキッドリーファンデーション102 SPF22・PA++ ¥6500／すべてMiMC

@meeting

お客様が来社される日は「パウダータイプ」できちんと感を

MiMCのパウダーファンデーションは、きちんと見えるうえにしっとりしたツヤもあるので、長年愛用。1品で下地、日焼け止め、ファンデーション機能があるので、バタバタしてメイク時間がとれない朝にも頼もしい味方です。

ミネラルエッセンスモイスト ピュアニュートラル SPF40・PA+++ ¥5800／MiMC

@event

長時間メイクの日は、カバー力と保湿力の高い「クリームタイプ」

朝から準備をするイベントの日、夜に会食がある日など、メイクをして長時間過ごす日は、カバー力と保湿力の高いクリームタイプ。くずれにくく、正装感のある肌を演出できます。メイク直しの時間がとれなくても、肌がずっとしっとり落ち着いているので安心。

〈右から〉ミネラルクリーミーファンデーション 102 SPF20・PA++ ¥6500　クリーミーな質感のコーラルで柔らかい印象に。ミネラルルージュ 07 ¥3500　リップと同色でコーディネート。ミネラルクリーミーチーク 01 ¥3300／すべて MiMC

@weekend

家族と過ごす休日は、とにかく手軽な「ルースタイプ」

夫と2人の息子と過ごす休日、自分のメイクはとにかく簡単に。スキンケアのようなルースファンデーションをポンポンはたくだけのライトメイクで過ごしています。花や新鮮な野菜を買ってエネルギーチャージ。

〈上から時計回りに〉ポンポン容器入り。ミネラルモイストパウダーファンデーション 102 SPF19・PA++ ¥5500　ファンデーションの前に、コンシーラーでシミやくすみをカバーすることも。ミネラルコンシーラー 02 ¥4000　リキッドアイラインで目元はきりっと引き締めて。ミネラルリキッドアイライナー ブラック ¥3800　唇にカジュアルなツヤをプラス。ミネラルハニーグロス 111 ¥3200／すべて MiMC

Concealer

コンシーラーにも
石けんオフがあります

ファンデーションを石けんオフに替えたなら、コンシーラーも石けんオフに。自分が使いやすいものを1品持っていれば、突然の肌トラブルに対応できます。きれいにカバーするコツを、河嶋さんに教えていただきました。

美白有効成分のビタミンC誘導体を配合し、カバーしながらケア。ナチュラルホワイトニングコンシーラー SPF32・PA++〈医薬部外品〉 ¥5500／MiMC

くま、赤みなど「面」のトラブルは
下地の後、ファンデーション前に

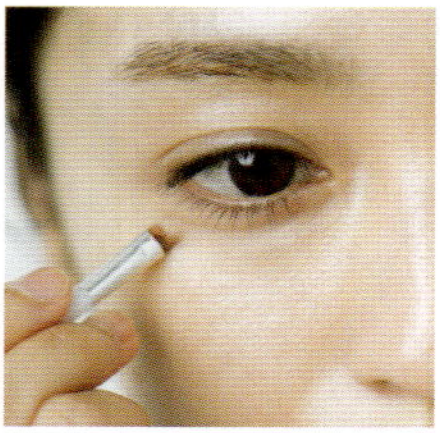

1 色ムラが濃い部分にのせる

くまや色ムラがいちばん濃い部分にコンシーラーを。目のキワに塗ると厚塗りに見えるので避けて。

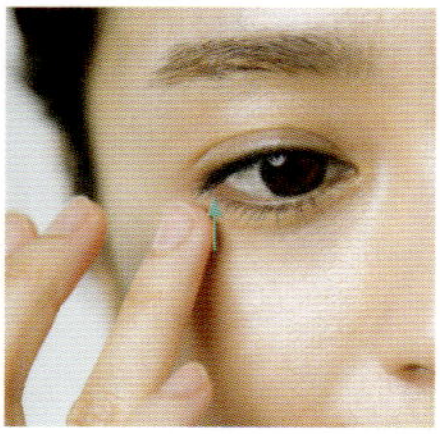

2 周囲に向けてぼかし込む

くまなら目のキワに向けて指でぼかす。小鼻や頬の赤みは、指の腹でたたき込むようにしてぼかす。

シミ、ニキビ跡など「点」のトラブルは ファンデーション後に

1 シミよりひと回り広めにのせる

ファンデーションを塗っても隠れないシミを覆い隠すように、ブラシでひと回り大きくのせる。

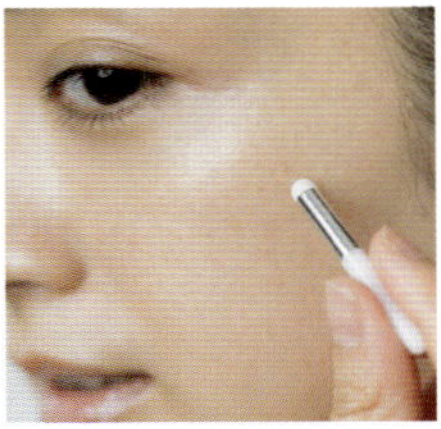

2 境目をチップでぼかす

チップ（なければ**1**で使ったブラシ）を使って、のせた部分の境目だけを周囲となじませる。

3 フェイスパウダーでフィックス

お手もちのフェイスパウダーをアイシャドウチップなどにとり、上から重ねるとくずれにくくなる。

こんなコンシーラーもおすすめです

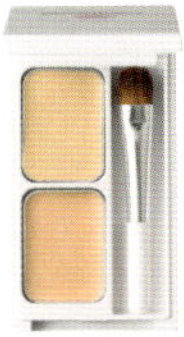

ミネラルがコーティングされていて長時間くすまない

3色から選べる。ブライトカバーコンシーラー SPF50+・PA++++ レフィル1個￥1300、ブラシ付きコンパクト￥900／アムリターラ

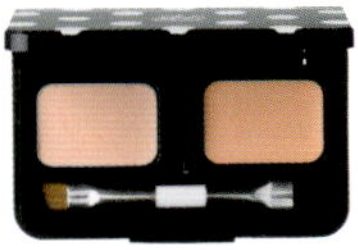

濃いシミやくまを明るく自然にカバー

茶系の色ムラにはオレンジ、黒系の色ムラにはピンクを使用。24h カラーコンシーラUV SPF40・PA+++ ￥3334／24h cosme

UV care

美肌のもうひとつのカギは、日焼け止め

石けんオフできる日焼け止め乳液

朝のメイク前に、化粧下地としても便利な日焼け止め乳液。ポリマーやシリコーンなど落ちにくい合成成分不使用なのはもちろん、肌に負担をかけにくい乳化剤を使用したものを選んで。

美肌の秘訣は、肌本来の力を減らさず、存分に発揮させること。そのために、クレンジングをやめることと同じくらい大切なのが、紫外線ケアです。肌のエイジングの約8割は紫外線が原因だと言う研究者もいるほど、日焼けは肌に悪影響。地表に届く紫外線には、肌表面に炎症を起こすＵＶＢと、肌の奥に届いて弾力を失わせるＵＶＡ

〈右〉赤ちゃんにも使える優しさ。天然セラミド配合。チャントアチャーム UVフェイス&ボディプロテクター SPF43・PA++ 80mL ¥2800／ネイチャーズウェイ　〈中〉大豆由来の肌に優しい乳化剤を使用。プレミアム ナチュラルベースエッセンス SPF17・PA++ 30g ¥4200／24h cosme　〈左〉ベリー由来の成分が紫外線をカット。ベリーズビューティーサンスクリーン SPF10・PA+ 40mL ¥5200／アムリターラ

メイクの上から
何度も重ねられる
日焼け止めパウダー

紫外線を跳ね返すミネラル（酸化チタン、酸化亜鉛など）をブレンドし、肌表面で紫外線をカット。朝のメイクの前か後に使用し、日中汗や皮脂でくずれたら重ねられるのが便利です。

の２種があります。日焼け止めを使い、どちらもしっかり防ぐことが大切。とはいえ、強力に密着してクレンジングが必要な日焼け止めはＮＧ。ＭiＭＣでは日中何度も重ねられるパウダータイプの日焼け止めを提案しています。乳液タイプを使う場合も、石けんオフできるものを選びましょう。

〈右〉サンゴパウダー配合でサラサラ感触。プレミアム UVフェイスパウダー SPF40・PA+++ 6g 全2色 ¥2300／24h cosme 〈中〉パフ内蔵のボンボンタイプ。ジェーン・アイルデール パウダーミー サンスクリーンパウダー SPF30・PA+++ 17.5g ¥5700／エム・アール・アイ 〈左〉きしみや白浮きなし。アリマピュア ミネラルサンスクリーン パウダー SPF32・PA++ 7.5g ¥5250／コスメキッチン

ベースメイク Q & A

今まで使っていたベースメイクとちょっと勝手が違うかも？
そんな戸惑いや疑問は、ここですっきり解決。わたくし
北島と、ヘア＆メイクの河嶋 希さんがお答えします。

Q1 **肌に優しいファンデーションって
くずれやすくありませんか？**

A ミネラルのフィット感は抜群。
汚くくずれることもありません。

石けんオフベースメイクに使われているミネラルは、肌への密着力が高く汗や皮脂も吸収するので、想像以上にくずれにくいもの。時間が経つと自然に薄くなることはありますが、ヨレて汚くくずれることはありません。日中薄れたら重ねづけしましょう。(北島)

Q2 **紫外線が気になります。
日焼け止めだけは
落ちにくいものを使ってもいい？**

A クレンジングが必要なものもあるので、
注意して選びましょう。

石けんオフベースメイクをしていても、合成成分配合の落ちにくい日焼け止めを使ってしまうと、結果クレンジングが必要になってしまいます。日中何度も重ねられる日焼け止めパウダーを携帯するのがおすすめ。(北島)

→おすすめの日焼け止めパウダーは P.63 へ

Q 3

去年の夏の日焼け止めやファンデーション、まだ使えますか？

A

シーズン内で使い切るように心がけましょう。

合成成分を使用しないナチュラルコスメには、肌への優しさを考え、必要以上の防腐剤が配合されていません。開封したらなるべく早めに使い切って。ベースメイクに限らず、すべてのコスメに言えることです。（北島）

Q 4

ファンデーションを塗るとどうしても白浮きしてしまいます。

A

輪郭を薄く、メリハリをつけて塗れば浮きません。

顔全体に均一にファンデーションを塗っていませんか？しっかりカバーするのは輪郭の手前までにして、そこから外側に向けて薄くぼかし込むようにすると、素肌である首と自然につながり、白浮きを防げます。（河嶋）

Q 5

自分に合うファンデーションの選び方がわかりません。

A

使い勝手とカバー力を意識して形状をチョイスしましょう。

P.44〜57でご紹介した4タイプから選んでみましょう。手早さを重視するならパウダータイプ。素肌っぽく自然に仕上げたいならリキッドやルースパウダータイプ、しっかりカバーしたいならエマルジョンタイプを。（河嶋）

Chapter 4

次は
チークとリップも
石けんオフ

ファンデーションで石けんオフメイクの
軽さや心地よさを知ったら、次にトライして
いただきたいのはチークとリップ。チークは
頬の広い部分に塗るので、ここを石けんオフに
切り替えると、さらに良さを感じられます。
唇は粘膜の一部で乾燥しやすいだけに、落ちにくい
口紅やクレンジングで荒れてしまうことも。
肌に比べて生まれ変わりが早い部分なので、
石けんオフメイクに替えると、唇の変化をすぐに
実感できるのもポイント。みずみずしくツヤめく
頬と唇は、鏡を見るたび気分を高揚させてくれます。
メイク指導は、引き続き河嶋 希さんです。

Lipstick & Powder cheek

口紅とパウダーチークで、ナチュラルな好印象メイク

〈右〉フルーツ由来オイルでミネラルパウダーをプレスト。上品な青みピンク。アクア・アクア オーガニックプレストチーク 02 ¥1800／RED 〈左〉皮むけを防ぎ、紫外線から守るこだわりの処方。肌色やシーンを選ばないナチュラルピンク。ミネラルカラーリップ SPF20・PA++ 02 ¥3500／MiMC

チークならパウダータイプ、リップなら口紅がごく一般的で、使っている方も多いアイテム。まずはこのふたつをご紹介しましょう。石けんオフメイクといっても普通のコスメと使い方は変わりなく、色も豊富。つけ心地は軽くて負担感がないのが特徴です。

Chapter 4

次は
チークとリップも
石けんオフ

Lipstick & Powder cheek

How to make-up

1 笑うと高くなる部分にチークをのせる

付属のブラシにチークを含ませ、手の甲で量を調節する。両頬のニコッと笑ったときに高くなる部分に、ふわっと色をのせる。

2 ブラシをジグザグと動かしてなじませる

ブラシにチークを足さず、頬の内側から外側へ向けてジグザグと動かしてチークをぼかし、なじませる。縦に広げすぎないよう注意。

3 口紅は輪郭に沿ってたっぷりと直塗り

口紅はスティックで直塗り。上下の中央にのせてから、輪郭に沿って唇全体を色づける。口角まできちんと塗ると品のいい口元に。

4 指でとんとんとなじませると自然に

3で終えてもいいけれど、色浮きが気になる場合は指でとんとんとなじませると、余分な口紅が軽くオフされ、フィット感もアップ。

○ アイテムの詳細は P.68 をご覧ください。

Cream face color

クリームフェイスカラー１個で、カジュアル血色メイク

天然ワックスなどにミネラルをブレンド。ほんのりしたコーラル。HANAオーガニック ウェアルーカラーヴェール ￥3500／えそらフォレスト

カジュアルメイクにおすすめしたいのが、程よい発色と質感で頬にも唇にも使えるクリームフェイスカラー。手軽に使え、1個でナチュラルな血色感が出ます。

Finish

How to make-up

指にとり、頬や唇にとんとんとなじませる

中指と薬指の腹にとり、頬の高い部分を中心にとんとんとなじませる。こするとファンデーションがヨレるので気をつけて。指に足し、唇全体にもなじませる。

Lip gloss

さらにリップグロスが
1本あれば、さまざまに活躍

自然な血色のように映るシアーなレッド。潤いたっぷりでみずみずしい。アクア・アクア オーガニックシアーグロス 01 ¥1850／RED

鏡を見なくても塗れて小ジワも目立たないリップグロスは、重ねづけに便利。見た目より淡くつくので、血色感が欲しい大人なら色鮮やかなものがおすすめ。

Finish

How to make-up

上唇の山は、やや
オーバーぎみに描く

付属のチップで唇の中央にたっぷりのせ、左右に広げる。上唇の山はやや大きめに描くと、光の反射で輪郭がキラッとして立体感のある口元に。口紅に重ねてもOK。

リップ＆チーク Q ＆ A

いつも同じ色のチーク＆リップを選んでしまったり、
口紅がすぐ落ちてしまったり……。そんな小さな悩みを
解消すれば、きれいの幅がグンと広がります。

Q 1

口紅やグロスの色もちを良くするには？

A

下地にリップペンシルを使うと落ちにくくなります。

油分が少なく色素の量が多いリップペンシルを下地として薄く全体に仕込んでおけば、色もちがアップします。ぼんやりした輪郭を際立たせたいときもおすすめ。（河嶋）

〈右〉唇の色を抑えるのにも活躍するベージュのペンシル。ミネラルリップクレヨン スキンベージュ カートリッジ¥1800、ホルダー¥800／エトヴォス 〈左〉濃淡のピンクが1本に。クリーミーなつけ心地が◎。リップスティック・ウッド <デュオ> 08 ¥2600／ロゴナ

Q 2

チークが上手につけられず、すぐつけすぎてしまいます……。

A

手の甲で量を調節することを忘れずに。

チークをブラシや指先にとった後、そのまま頬にのせていませんか？ 一旦手の甲において、余分をオフすれば薄く自然につけられます。塗る量の加減がわからない場合は、リップを塗った後につけてみて。（河嶋）

Q 3

濃い色の口紅にトライしたい！自然につけるコツは？

A

指で塗ると顔にすっとなじみます。

赤やボルドーなどの濃い色はスティックで直塗りせず、指でなじませてみて。薄くなじんでにじんだような仕上がりになり、どんな色でも楽しめます。（河嶋）

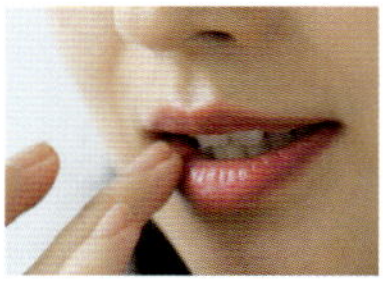

指の腹にとった口紅を、唇の中央から口角に向けてとんとんと薄くなじませる。

色も質感も楽しめる！石けんオフリップ＆チークカタログ

ミネラルと天然色素に、植物性のワックスやオイルをブレンド。肌が荒れていても使えるし、たとえ口に入っても安心なところも魅力！

口紅

輪郭を描きやすく、きちんとした印象に仕上がる口紅。唇に優しいオイルを配合したり、発色の良さにも工夫が。

〈右〉ミネラルに天然色素をプラスして発色を強化。色鮮やかなのに肌なじみが良く、つけやすい。オンリーミネラル ミネラルルージュN コーラルレッド ￥3000／ヤーマン 〈左〉見た目よりシアーに色づくバームタイプ。アリマピュア リップバーム ダリア ￥2300／コスメキッチン

〈右〉乾燥した唇にもふっくらとしたハリをプラス。ほんのり青みピンク。ミネラルリッププランパー モーブピンク ￥2800／エトヴォス 〈左〉5種のオイルにミネラルをブレンド。ローズとバニラの甘い香りもうれしい。リップバーム レッド ￥2300／ヴェレダ

リップグロス

単品でカジュアルに使っても、口紅に重ねてボリューム感を出しても。淡い色はほぼニュアンス程度の色づきです。

クリームフェイスカラー

顔中どこにでも使える、マルチなクリームカラー。チークとリップを同じ色にすることで、カジュアルな印象に。

〈右〉落ち着いた肌なじみのいいレッド。ヘルシーな雰囲気に。テイストミー リップ&チーク 03 ¥2300／24h cosme 〈左〉マンゴーバターとアルガンオイルが肌にツヤと潤いをプラス。コーラルピンクは肌をワントーン明るく見せてくれる。ミネラルクリーミーチーク 06 ¥3300／MiMC

パウダーチーク

パウダーをのせることで肌のキメも整い、きちんと感が出やすいパウダーチーク。ナチュラルコスメでも発色のいいものが増えています。

〈右〉つけやすい斜めカット型。オンリーミネラル ブラッシュブラシ ¥3000 〈中〉ミネラル100％でクリーミーな質感。同 ブラッシュ ピーチ ¥3000／ともにヤーマン 〈左〉オーガニッククランベリーパウダーの自然な色。グレイシャス クランベリーチーク SPF7・PA+ ピンクベリー レフィル¥2381、ブラシ付きコンパクト¥1143／アムリターラ

Column 1

私が天然成分にこだわる理由

本書を読んでくださっている方の中には、ミネラルコスメやオーガニックコスメが大好きな方も、特段そうではない方もいらっしゃると思います。私自身はといえば、開発を手がけている「MiMC」を中心に、なるべく自然由来の成分でできたコスメを使うようにしています。石けんで落とせるからというのはもちろん、そこにはまた別の、大きな理由があります。

私は今でこそ化粧品を作る仕事をしていますが、かつては理系の大学と大学院に通い、研究者を目指して実験漬けの生活を送っていました。材料となる菌の培養管理のために、研究室に泊まり込むこともしょっちゅう。そんな中、不規則な生活がたたってひどい体調不良、それにアトピー性皮膚炎を発症し、医師から「化学物質過敏症」と診断されます。そのうち化学物質が置いてある研究室に行くのも辛くなり、研究者の道を断念せざるを得なくなったのです。
その後、日本ではまだメジャーでなかったマクロビオティックな食生活に目覚め、本場のアメリカでもっと知識を深めたいと、20代後半、アメリカのサンフランシスコに移住します。そこでナチュラル&オーガニックコスメやミネラルコスメに出合い、その心地よさに惚れ込んで、自分でも開発をスタート。２００７年にＭｉＭＣを設立し、少しずつアイテムを増やすなど試行錯誤しながら、現在に至ります。

　自然派になる前はいつも体調不良、太ることもできなかった私でしたが、今はすみずみまで健康で、エネルギーに満ちあふれています。アトピー性皮膚炎もすっかり鳴りを潜めました。そんな自分自身を振り返って私が思うのは「体や肌を甘やかさずに生活すると、本来もつ機能が最大限に引き出される」ということです。

例えば寒いときに体が震えるのは、筋肉を動かして熱を作り出すため。汗腺はキュッと締まり、鳥肌になって熱を保とうとします。逆に、暑い日には汗を分泌して肌表面をぬらすことで体温を下げ、同時に呼吸でも熱を逃がします。このように、暑さや寒さといった自然の刺激を受けることは、人が本来もつ防御機能を高めてくれるのです。常に冷暖房漬けの日々では、体温調節機能は徐々に衰えてしまいます。

化粧品もこれと同じこと。メイクのくずれにくさや、なめらかな見た目のために、合成成分で常に肌を覆っていると、自然な皮膚呼吸や、汗と老廃物の分泌が妨げられてしまいます。さらにクレンジングで無理やり落とすことで、肌のバリア機能が乱れて健康も失ってしまいます。スキンケアでも、油分で手厚く保護しすぎると、肌は次第に自分の皮脂を出さなくなります。

Column 1　私が天然成分にこだわる理由

自ら生まれもった肌の機能に気づき、それを最大限に活用できる肌こそが、健康で最も美しい。そのために、私は肌を甘やかさない天然由来成分にこだわっているのです。特に肌トラブルがない方でも、ナチュラルコスメを使ってよりきれいな肌を手に入れていただけたらと思っています。

会社を設立した頃の私。天然由来原料を乳鉢でブレンドするところから、新たなコスメの開発がスタートします。ミネラルがもつ自然のままの色鮮やかさには、いつもワクワクさせられています。

Chapter 5

アイメイクも石けんオフで楽しめる!

アイメイクも……いえ、もしかしたら
アイメイクこそ、最も石けんオフのメリットを
感じられるかもしれません。ウォータープルーフの
メイクは、クレンジングしても落としきれない
ことも。石けんオフメイクなら、アイシャドウも
アイライナーもマスカラも、一度の洗顔で
すっきり落とせて本当にラク！　つけ心地も軽やかで
負担感が少なく、メイクを心から楽しめます。
ミネラルの鮮やかな発色とツヤが一日中続くのも
うれしいところ。河嶋 希さんが選んだカラーを
安達祐実さんがまとった、センスあふれる
4つのアイメイクをご紹介します。

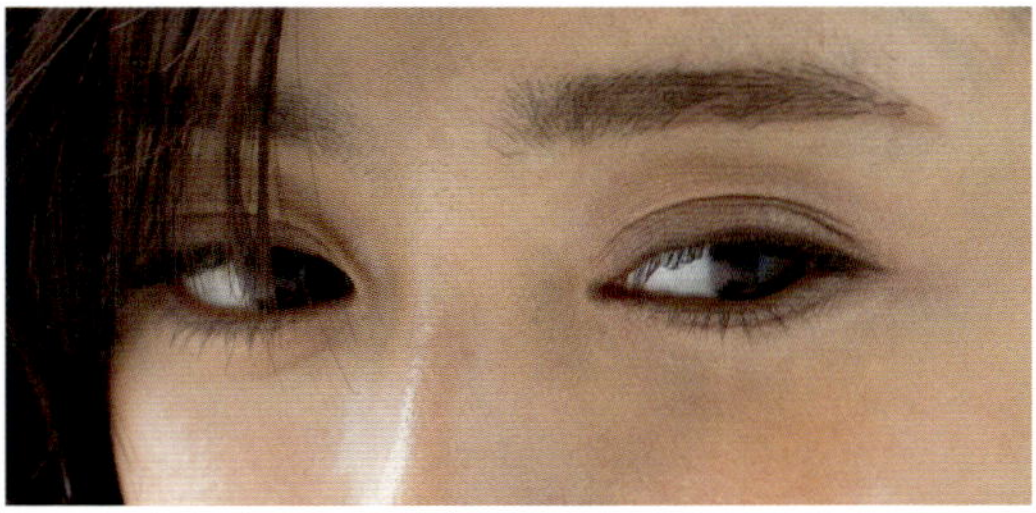

くずれにくいのに
石けんオフできる仕組み

日中絶えず動き、皮脂だけでなく涙も常に分泌している目元。
そんな目元にぴたりと密着してくずれにくいのに、
落とすときは石けんで簡単に落ちるのが、この章で
ご紹介するアイメイクです。まずはその秘密をご紹介。

「アイシャドウ・アイブロウパウダー」

ミネラルパウダーの肌に密着する特性を生かしてメイク

鮮やかな色のもとであるミネラルパウダーは、肌に触れると吸いつくようにぴたりと密着する性質をもっています。「MiMC」にはミネラル100％のアイシャドウ（P.91）もあるほど！　時間が経っても色がくすまず、粉末なので、石けんで洗えばすぐ落ちるのです。

マスカラ

お湯でしか落ちない
フィルムタイプなら
くずれにくく落としやすい

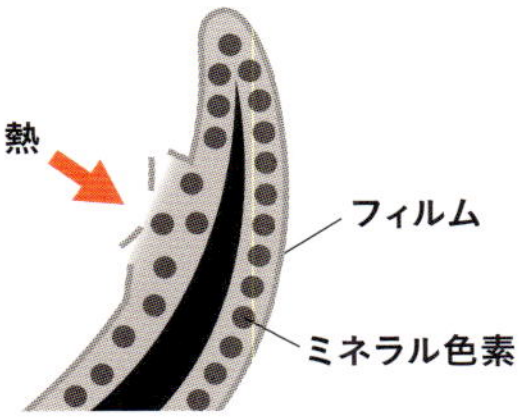

にじみにくいのにお湯で簡単に落とせる「フィルムタイプ」のマスカラを選べば、クレンジングを使わずメイクオフが可能です。にじみにくいマスカラを天然由来成分だけで作ることが現状難しいため、私もマスカラの開発には一部フィルムを採用しています。

アイライナー・アイブロウペンシル

フィルムリキッドか
処方にこだわった
ペンシルを選ぶのがコツ

色素をフィルムに包み込んだ処方のリキッドアイライナーなら、にじみにくくお湯オフが可能。ペンシルタイプもミネラルと植物由来成分の処方にこだわればにじみにくいものが作れるので、そういうものを選んで使用します。

Item _ 01 *Brown eye shadow*

ブラウンパレットアイシャドウで
立体美人顔

ブラウンやベージュはともすると疲れて見えがちですが、ミネラルアイシャドウなら発色が良く、一日中くすみ知らず。濃淡で骨格を強調した陰影メイクもカッコ良く決まります。

骨格の凹凸を強調することで、目がひと回り大きく見える！

内側にツヤを仕込むことで立体感がアップ

左上のベージュはクリームベース。これをのばしてから残りのカラーを重ねることで密着感が増し、ツヤと立体感も出ます。オレンジがかった配色が肌を明るく見せます。

HANAオーガニック ウェアルーマルチアイズ
￥3800／えそらフォレスト

○ メイクのハウツーは P.92 をご覧ください。

Item _ 02

Spicy eye shadow

辛口アイシャドウで
シックな大人のまなざし

チャコールグレーなど
シックなダークカラー
を単色でまとうのも素
敵。透けるように薄く
塗ることで、シックな
中にも明るさと透明感
が出て、誰でもトライ
しやすくなります。

深いグレーも
透ける薄さでまとえば
抜け感が出ておしゃれ

ミネラル100％で肌に
密着。発色の調整も自在

ジュエリーのような発色ときらめきが魅力の、ミネラル100％のルースアイシャドウ。指で薄くのばせば繊細な発色に、重ねてもにごらないので1色でも自然な陰影がつけられます。

オンリーミネラル アイシャドウ グレイッシュブラウン ¥2500／ヤーマン

○ メイクのハウツーは P.93 をご覧ください。

Item _ 03 *Warm eye shadow*

ウォームアイシャドウで
ふんわり優しげに

優しげに見せたいときのおすすめは、ピンクやコーラルなどウォームカラーのアイシャドウ。チークと色をそろえてワントーンメイクにすれば、顔から浮かず自然な印象に。

ピンクの目元もチークと
おそろいにすれば
顔にしっくりなじむ

ピンクのチークカラーを
まぶたにも使用

目元にも頬にも、同じピンクのチークを使用。ミネラル100%のルースタイプだから、顔中どこに使ってもOKなのです。「大人だからピンクは……」と思っていた人もぜひトライして。

オンリーミネラル ブラッシュ サクラ ¥3000
／ヤーマン

○ メイクのハウツーは P.94 をご覧ください。

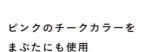

Item _ 04 *Accent eye shadow*

アクセントアイシャドウで
おしゃれ感度高く

天然石そのままのように鮮やかなカラーも、ミネラルアイシャドウの得意技。例えばこんなきれいなターコイズは、ファッションの差し色感覚で、目尻にほんの少量入れてみて。

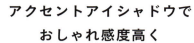

至近距離で気づくターコイズ。ほんの少しだからこそ、素敵

クリアなターコイズはミネラルだからこそ

ミネラル100％のルースカラーパウダーを、使いやすいチップ式のケースにイン。きれいな発色がそのままにごらず続くから、派手には見えず、むしろ清潔感のある顔だちに。

ミネラルカラーパウダー 209 ￥1800／MiMC

 ○ メイクのハウツーは P.95 をご覧ください。

Item _ 01

Brown eye shadow

How to make-up

アイテムの詳細は
P.85をご覧ください。

1 クリームベースを上まぶたに

左上のクリームベースを指にとり、アイホールよりやや広めに、ごく薄くのばしてツヤを出す。

2 アイホールにオレンジベージュ

左下のオレンジベージュを指にとり、アイホールになじませる。境目はよくぼかして。

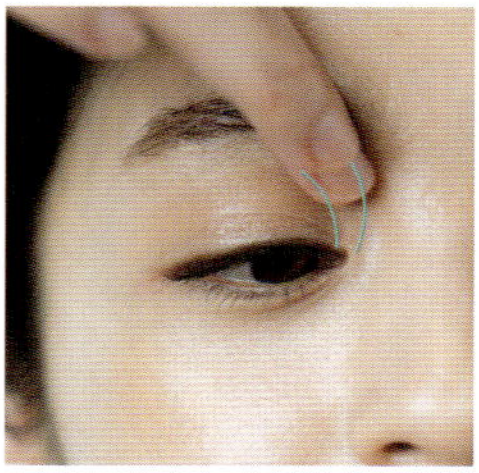

3 目頭にブラウンで立体感を出す

右上のブラウンを指に薄くとり、目頭と眉頭の間のくぼみに薄くのばす。彫りの深い印象に。

4 締め色でキワを引き締める

右下のダークブラウンを細いブラシにとり、上まつげのすき間を埋めるように細いラインを描く。

その他の
使用アイテム

〈右〉フィルムタイプのマスカラを上まつげにたっぷり塗り、下まつげにはさらっとつける。ラッシュ パワー マスカラ ロング ウェアリング フォーミュラ 01 ¥3500／クリニーク 〈中〉コーラルベージュのチークで立体感とほんのり血色を。ビオモイスチュアチーク 06 ¥3800／MiMC 〈左〉ヌーディなベージュリップグロスでワントーンメイクの仕上げを。リップバーム ヌード ¥2300／ヴェレダ

Item _ 02 *Spicy eye shadow*

How to make-up

アイテムの詳細は
P.87をご覧ください。

1 グレーを薄く アイホールに

チャコールグレーのアイシャドウをフタに少量出してから指にとり、アイホールに薄くのばす。

2 下まぶたにも うっすら入れる

フタに残ったアイシャドウを小指の先に少量とり、下まぶたのキワ全体に細くライン状に入れる。

3 マスカラは 下まつげ中心に

黒マスカラを上まつげにさらっと、下まつげにたっぷりつける。上まぶたの軽さを強調するテク。

その他の
使用アイテム

〈右〉黒マスカラを下中心につけるバランスも、グレーのアイシャドウを軽やかに見せるコツ。天然の色素をフィルムでコーティングし、優しさと落ちにくさを実現。ミネラルロングアイラッシュ 01 ￥3800／MiMC 〈中〉リップが赤なので頬はノーチーク、クリームハイライトでツヤだけを添える。ミネラルハイライトクリーム ￥3500／エトヴォス 〈左〉グレーの目元×赤リップで女っぽく。赤のリップペンシルで全体を軽く塗りつぶして。反対側のベージュピンクと2色セット。リップスティック・ウッド <デュオ> 05 ￥2600／ロゴナ

Item _ 03

Warm eye shadow

How to make-up

アイテムの詳細は
P.89をご覧ください。

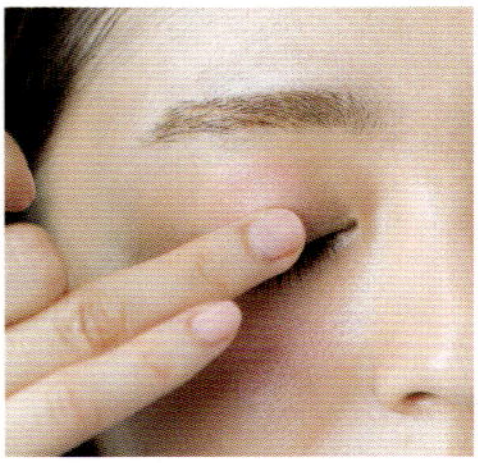

1 黒目の上にピンクを

ピンクのチークカラーをフタに少量出してから指にとり、上まぶたの中心(黒目の上)にのせる。

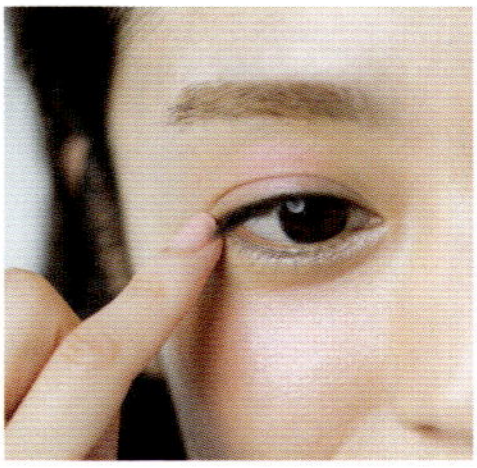

2 下まぶたにはホワイト

ホワイトのルースアイシャドウをフタに少量出してから指にとり、下まぶたのキワ全体に細くのせる。

3 ブラウンのラインで締める

ブラウンのリキッドアイライナーで上まぶたのキワ全体に細くラインを描き、柔らかく引き締める。

その他の
使用アイテム

〈右〉下まぶたに透明感と輝きをプラス。オンリーミネラル アイシャドウ ダイヤモンド ¥2500／ヤーマン　〈中・右〉黒を使わずブラウンで柔らかく引き締める。モテライナー リキッド BrBk ¥1500／フローフシ　〈中・左〉マスカラは黒より透明感の出るネイビーを選んで。上下にたっぷりと。アクア・アクア オーガニックロングマスカラ 03 ¥2500／RED　〈左〉リップも淡いピンクグロスで統一感を。ピュアトリートメント リップグロス ボタニカルピンク ¥2381／アムリターラ

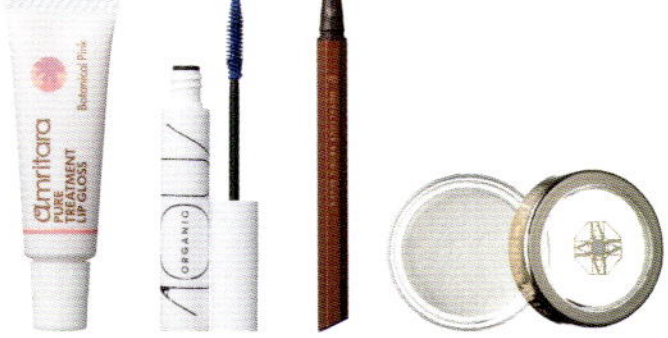

Item _ 04 Accent eye shadow

How to make-up

アイテムの詳細は
P.91をご覧ください。

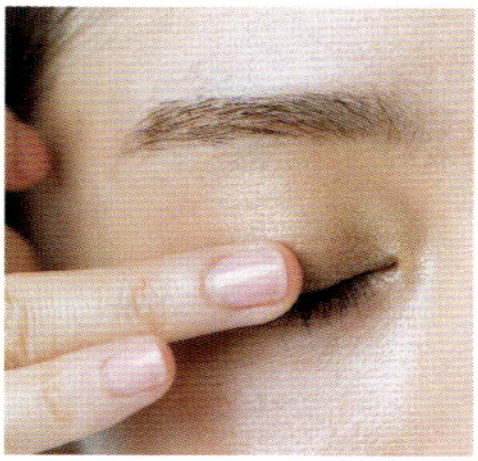

1 アイホールに クリームベージュ

クリームベージュのルースアイシャドウをフタに少量出してから指にとり、上まぶた全体にのせる。

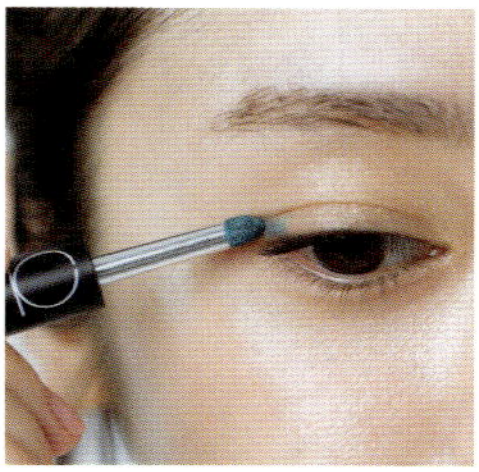

2 目尻に少量 ブルーを差す

ターコイズブルーのアイシャドウを、目尻に斜め上向きのラインを描くように短く入れる。

3 まつげは上げず ブルーを見せる

まつげはあえてカールさせずに黒マスカラを上下につけ、ブルーのアイシャドウをアピール。

その他の
使用アイテム

〈右〉柔らかい色と輝きで、アイホールにツヤと立体感を。アリマピュア ルミナスシマーアイシャドウ バタークリーム ¥2200／コスメキッチン 〈中・右〉すっきり繊細なまつげに。モテマスカラ ONE リフトアップ Bk ¥2700／フローフシ 〈中・左〉チークはブルーをヘルシーに見せるツヤコーラルを。ミネラルクリーミーチーク 07 ¥3300／MiMC 〈左〉リップもコーラルで色数を減らし、ブルーを際立たせる。オンリーミネラル ミネラルルージュN ピンクベージュ ¥3000／ヤーマン

いくつも欲しくなる、カラフルアイシャドウカタログ

石けんで落とせるアイシャドウがこんなに色鮮やかで楽しいなんて、意外でしょうか？　その発色と色持ちの良さ、ぜひ試してみてください。

ブラウンパレットアイシャドウ

色がにごらないミネラルのブラウンは、働く女性のデイリーメイクにもうってつけ。午後になっても元気な顔で過ごせます。

〈右〉締め色がグレーがかっているのでシックな雰囲気。アイシャドー＜トリオ＞ 02 ¥3000／ロゴナ　〈左〉ブランド10周年のアニバーサリーパレット。右下のダークブラウンはクリームタイプで、しっかりと引き締まる。ビオモイスチュアシャドー 4D 02 ¥6000／MiMC

辛口アイシャドウ

薄づきでツヤと透明感のある色を選ぶのがコツ。グレーの他に、抜け感の出るカーキなどもおすすめです。

〈右〉奥深い輝きの出るメタリックグレー。ミネラル100%で肌にピタッとつく。ミネラルカラーパウダー 202 ¥1800／MiMC　〈左〉パール感があり、見た目より軽やかに発色するグレー。ペーパーケースもかわいい。アイシャドウ 49 ¥1900／クルールキャラメル

〈右〉肌が明るく見えるローズピンク。しっとりなじんで、粉っぽさなし。バブー エッセンス パウダーチーク 01 ¥3600／ナチュラルハーティーマーケット 〈左〉アロエベラ葉エキスやホホバ種子油配合でしっとり。24h パウダーチーク 01 ¥2500／24h cosme

ウォームアイシャドウ

P.88〜89同様、チークをアイシャドウとして目元にも使う提案です。発色のいいピンクやコーラルは、チークに豊富です。

〈右〉フランスのオーガニックブランドらしい、洗練されたエメラルドグリーン。アイシャドウ 50 ¥1900／クルールキャラメル 〈左〉ラベンダージェイドと名づけられた、鮮やかなパープル。パールが効いて存在感あり。ミネラルカラーパウダー 206 ¥1800／MiMC

アクセントアイシャドウ

エメラルドグリーン、パープルなどのビビッドな色も、目尻にほんの少し入れるだけなら臆せずトライできます。

Eyebrow powder

大切な眉こそ、
石けんオフメイクに

今ある自眉を大切にしたいと願うなら、石けんオフのアイブロウメイクを。毛穴を覆う合成成分を使わないことで、健やかな眉が育ちます。

ひとつあれば
誰でも簡単美眉に

ポリマーを使わずロングキープをかなえる密着力にこだわり、開発に３年以上かかったアイブロウパウダー。プロのヘア＆メイクがプロデュースするこだわりのカラーと２種のブラシで、誰でも簡単に描ける。

知的に仕上がるダークブラウン。ミネラルプレストアイブローデュオ 02 ¥4000／MiMC

How to make-up

1 明るい色で全体のシルエットを作る

パレット左のブラウンを付属の太ブラシにとる。眉頭から眉尻に向けて全体にパウダーをのせる。太く描く場合は下側を足すと自然に。

2 濃い色で足りない部分を描き足す

パレット右のダークブラウンを付属の細ブラシにとり、眉尻や眉山の下など毛が薄い部分、まばらな部分を埋めるように描き足す。

こんなアイブロウパウダーもおすすめです

ユニークなルースタイプのミネラル100%アイブロウ

原料はマイカ、酸化チタン、酸化鉄のみとシンプル。オンリーミネラル アイブロウ ショコラブラウン ¥2100／ヤーマン

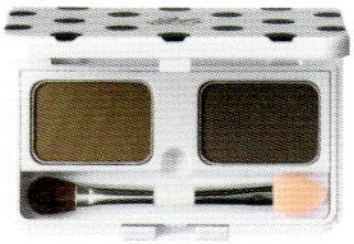

アイラインにも使えるマルチパウダー

アロエベラやヨモギエキスなどを配合し、眉をいたわる。24h マジックパウダー マットブラウン ¥2800／24h cosme

アイメイク Q & A

アイラインが上手に描けない、目の形に似合うメイクがわからない、眉が消えちゃう……など、尽きないアイメイクの悩み。ヘア＆メイクの河嶋 希さんに答えていただきました。

Q1　アイラインが自然に引けません。

A　線を引こうとせず、まつげのすき間を埋める気持ちで。

アイラインを“線”と思わず、まつげの根元を埋めるたくさんの“点”と考えてみましょう。隣り合うまつげの間の皮膚を点々と塗っていけば、まつげと一体化した1本のラインが完成。これが基本のアイラインです。(河嶋)

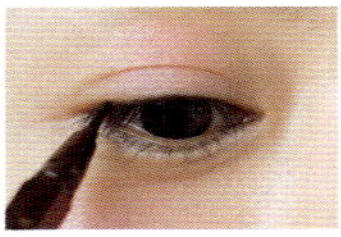

アイライナーをまつげのすき間に差し込んで塗りつぶす。基本のラインができたら、あとは自由に太さを足して。

Q2　奥二重でアイシャドウを入れても見えなくなってしまいます。

A　見える位置に色を入れれば解決です。

鏡を正面から見て、上まぶたの見える部分を確認し、その部分にアイシャドウを重点的にのせましょう。もしくは、上まぶたの目尻側や下まぶたなど、隠れない部分にメイクを。見える部分をメイクする発想で！（河嶋）

Q3 アイラインのにじみ、どうすれば防げますか？

A アイメイク前にパウダーを仕込んで、さらっとさせて。

油分や水分を吸着して“防波堤”となってくれる、フェイスパウダーの力を利用しましょう。目のキワにチップで少量のせます。油分を含むしっとりしたアイシャドウは、目のキワギリギリにつけないようにして。（河嶋）

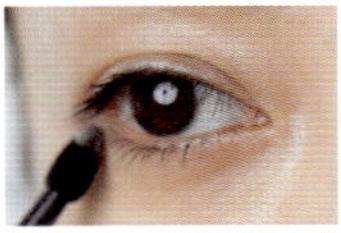

チップにパウダーを足し、下まぶたのキワにも細くなじませる。

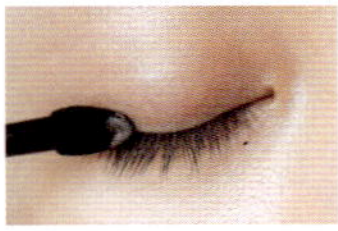

手持ちのアイシャドウチップにパウダーを少量とり、上まぶたのキワに。

油分を吸着してテカリを防ぐパウダー。スキンドレスパウダー レフィル￥3200、パフ付きケース￥1100／アムリターラ

Q4 下がりやすいまつげに、上手にマスカラをつけるコツは？

A ホットビューラーを取り入れましょう。

髪をヘアアイロンでセットするとカールが続くように、まつげにも熱を加えてカールさせると長持ちします。ホットビューラーで根元からしっかり上げて。マスカラも根元を重点的につけると下がりにくく。（河嶋）

根元にしっかり液がついたら、毛先まですっと抜く。数回繰り返す。

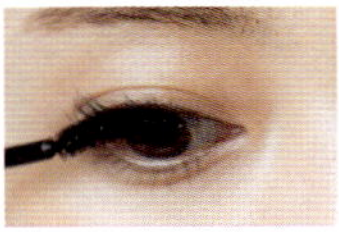

カールしたまつげにマスカラを。まずは根元で数回ジグザグさせて。

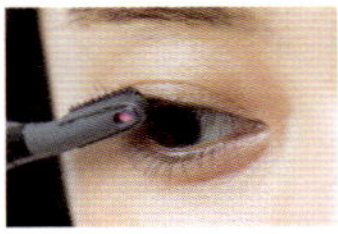

ホットビューラーをまつげの根元にあて、毛先までカールさせる。

Q5 アイシャドウの色を冒険できません。

A いつものアイシャドウをベースに
＋１色、という入れ方からスタート。

いつものメイクをベースに、新しい色をプラスする入れ方がおすすめです。例えばブラウンアイメイクの上に淡いグリーンを重ねたり、目尻にだけパープルを足したり。色が自然になじむのでトライしやすいですよ。（河嶋）

Q6 日中気づくと眉尻が消えています。長持ちさせるには？

A フェイスパウダーで肌を
さらっとさせてから描くと薄れにくく。

Q3のアイラインと同じ考え方で、皮脂や汗を吸着してくれるフェイスパウダーを仕込みましょう。眉の場合は皮脂が多く、肌が乾燥する心配も少ないので、しっかり多めにのせてOKです。（河嶋）

フェイスパウダーを付属のパフに軽くもみ込み、描く前の眉全体に、毛並みに逆らうようになじませる。粉っぽさが残る場合は、ブラシで軽く払って。

Q7

自眉が薄くて、
上手に描けません……。

A

アイブロウパウダーをのせた後、足りない部分をペンシルでフォロー。

アイブロウパウダーで描いた後（P.99）、さらにまばらだと感じる部分にアイブロウペンシルで毛を描き足しましょう。パウダーよりも一段暗い色を選ぶと、毛そのものが増えたような雰囲気が出て立体的な仕上がりに。（河嶋）

〈右〉さらっとした質感で1本1本植えたように描け、くずれにくい。アクア･アクア オーガニックアイブロー 01 ¥1200／RED
〈左〉初心者でもするっと簡単に描ける、ソフトなペンシル。ミネラルペンシルアイブロウ ブラウン ¥2700／エトヴォス

Q8

眉の色は、
どうやって選んだら良いですか？

A

なりたい雰囲気に合わせて選びましょう。

ダークブラウンやグレーなどの暗い色を選ぶと落ち着いた雰囲気に見え、マロンブラウンやカーキなどの明るい色を選ぶと若々しい雰囲気になります。また、髪の色に合わせるのも一案。眉が浮かず自然な印象に。（河嶋）

Chapter 6

石けんで メイクも汚れも 一度に落とす

よく「本当にクレンジングしていないんですか？」
「石けんで何度か洗いますか？」
と聞かれることがあります。
はい、合成成分を使わない日焼け止めやメイク、
フィルムマスカラだけなら、クレンジングなし、
1回の石けん洗顔で落とすことができます。
ただし、洗い方にはほんの少しコツが
ありますので、それをご紹介しましょう。
また、私が洗顔フォームよりも
石けんにこだわる理由もお話ししたいと思います。
ぜひ一緒に試して、石けんオフの気持ち良さ、
想像以上の手軽さを味わってください。

私が石けんを
おすすめする理由

石けんとは、天然の油脂にアルカリ性の苛性ソーダを加えて反応させ、枠に入れて固めたもの（苛性カリを使うものもあり、こちらは液体石けんになります）。油脂がアルカリに反応するときに自然と界面活性剤ができ、これが泡立ちや汚れ落ちのもととなります。ただし石けんは、水で薄まるだけでその活性作用を失うという特有の性質をもち、他の合成界面活性剤とは一線を画した、肌にも環境にも優しい洗浄剤です。

さらに石けんは基本的にアルカリ性なので、アルカリによる洗浄力と活性剤の力がバランスよく発揮され、汚れ落ちはいいのに肌への負担はマイルドです。肌は一時的にアルカリに傾いてもすぐ弱酸性に戻るので、アルカリに弱い肌や敏感肌でなければ、肌に負担をかけずに汚れをすっきり落とすことができるのです。これが、私が石けんをおすすめする主な理由です。

Q
乾燥肌なのですが、
石けんで洗ってもOK？

A
石けんには、原料の油脂や製法によってさまざまな種類があります。保湿成分をたっぷり含んだ石けんを選べば、洗い上がりがキュッとつっぱらず、なめらかです。P.112〜115で詳しくご紹介します。

Q
ポイントメイクも
落とせる？

A
石けんやお湯で落とせると書かれたアイテムを使っていれば、石けん洗顔で落とせます。ただ、一度ですっきり落とすにはちょっとしたコツがあるので、P.108〜111で洗い方を詳しくご紹介します。

Q
洗顔フォーム
ではなく、
石けんがいいの？

A
洗顔フォームの多くは中性か弱酸性です。アルカリと違って汚れを落とす力がないため、その分、界面活性剤の量が多め。皮脂を取り去る力が強く、肌本来の潤いが奪われやすいので注意が必要です。

一度で全部
落とすための洗い方

　少量の石けんをよく泡立てれば泡の表面積が増え、汚れが泡に速やかに吸着されます。泡立てが苦手な方、短時間で済ませたい方は、泡立てネットを使いましょう。ポイントメイクも一度で落とすために、目元や口元は指先でよくなじませるように洗って。

コールドプロセス製法（P.112）で作った、乾燥肌もしっとり洗う石けん。
オメガフレッシュモイストソープ ローズウッド 100g ¥2800／MiMC

1

手をぬらして石けんをとる

ぬるま湯で顔をぬらし、手と石けんもぬらして、石けんを手の中で転がし適量とる。ぬるま湯を少量加えて手をこすり合わせる。

2

**水を加えながら
泡立てる**

泡が少し増えたら、利き手の指先を立てて空気を含ませるように泡立てる。途中、ぬるま湯を少しずつ足し、きめ細かい泡を作って。

3

**両手にたっぷりの
泡ができればOK**

泡がきめ細かく、両手にたっぷりの量になったら成功。この泡のひとつひとつが汚れやメイクを吸着して落としてくれる。

4

まずは両頬に
泡をのせる

まずは面積が広く、ファンデーションをしっかり塗っている両頬に泡をのせる。泡のクッションでマッサージするように洗って。

5

唇になじませて
リップメイクをオフ

そのまま唇にも泡をなじませてリップメイクをオフ。指の腹で丁寧にマッサージするようにして、縦ジワの間のメイクも浮かせる。

6

**眉と目元には
よくなじませて**

続けて眉と目元に。眉を指の腹でマッサージするように洗った後、目をしっかり閉じて目のキワまでよく洗う。そのまま額と鼻筋も。

7

**ぬるま湯で
よくすすぐ**

顔全体を洗い終わったら、ぬるま湯で何度もすすぐ。フェイスラインのすすぎ残しにも注意して。ぬるつきがなくなったら終了。

私のこだわり・
肌を乾燥させない石けんの話

石けんにもさまざまな種類があります。「石けんで洗うと肌が乾燥してしまう」と思っている方は、もしかすると保湿成分をあまり含まないものをお使いになったのかもしれません。

洗顔石けんには大きく分けると「機械練り」「枠練り」という製法があります。

機械練りは、材料を機械で練り上げた後、急速に冷却し、充分に乾燥を行うため仕上がりが均一できれいなのが特徴。でも、製法の都合上美容成分を加えることが難しく、保湿効果は期待できません。

一方枠練りは、石けん素地と美容成分を枠に流して固めたもの。美容成分を30〜40%まで配合できるので、洗い上がりしっとり。特に熱を加えない「コールドプロセス」という製法だと、熱に弱い成分の効果もそのまま生かされるので、ＭｉＭＣではこの製法を採用しています。

製法によって異なる、洗顔石けんの特徴

機械練り製法

枠練り製法
- コールドプロセス製法
- ホットプロセス製法

機械練り製法

石けん素地に微量の香料や着色料、美容成分などを加え、機械で一気に練り上げる。そして急速冷却&成型して一気に乾燥。油脂に含まれる保湿成分のグリセリンを予め除去している場合も多く、美容効果はほぼ期待できない。

メリット

*大量生産できるので価格が安い
*均一な仕上がりで見た目がきれい
*ほぼ石けん素地なので泡立ちが良い

デメリット

*美容効果が期待できない
*洗い上がりが乾燥しやすい
*水でふやけたり、溶けたりしやすい

枠練り／コールドプロセス製法

石けん素地にオイルやエキスなどの美容成分を加え、枠に流してじっくり固めたもの。油脂から石けん素地を作るときに生まれるグリセリンもたっぷり。途中で熱を加えないので油脂が酸化しにくく、成分の特性が生きる。

メリット

*美容成分がたっぷり
*グリセリンが多くしっとり洗い上がる
*オイルやエキスの香り豊か

デメリット

*製造に手間がかかるので価格が高め
*水で溶けやすい

枠練り／ホットプロセス製法

油脂を高温で加熱して石けん素地を作り、オイルやエキスなどの美容成分を加え、枠に流して固め、成型してじっくり乾燥させたもの。塩析という方法で石けん素地のグリセリンを取り除き、石けんの純度を高める場合も。

メリット

*美容成分がたっぷり
*泡立ちがいい
*水に溶けにくい

デメリット

*製造に手間がかかるので価格が高め
*熱で壊れる美容成分もあり

すっきり＆しっとり洗いあがる枠練り石けんカタログ

グリセリンたっぷり、美容成分も贅沢に配合された、こだわりの枠練り石けんたち。配合された美容成分によって、特徴が異なります。

ビタミンEたっぷりのアボカドオイルを使用

きれいなグリーンはほとんどがアボカド由来。シャボンフェアリーフォレスト ピュアアボカド 90g ¥2600／アムリターラ

アルガンオイル＆クレイですっきり＆しっとり洗う

ガスール（クレイ）が汚れを吸着してすっきり。コールドプロセス製法。reMio アルガン クレイ石鹸 100g ¥1600／レミオ・ジャパン

花々のオイルを配合した香り高い石けん

しっとりとなめらかな洗い上がり。コールドプロセス製法。HANAオーガニック ピュアリキューブ 85g ¥3334／えそらフォレスト

肌を整えるという発想で
誕生した美容石けんの元祖

30年以上前に完成した秘密の製法でハーブや植物オイルをブレンド。ガミラシークレット オリジナル 約115g ¥2300／シービック

90日間じっくり熟成。
毛穴の汚れをすっきりオフ

長時間かけて丁寧に乾燥させることで、保湿成分がギュッと凝縮。泡立ちがいい。クリアソープバー 80g ¥2000／エトヴォス

天然クレイが古い角質や
毛穴の汚れをしっかり吸着

クレイによりきめ細かくたっぷりの泡立ちに。コールドプロセス製法。ピュアモイストクリアソープ 80g ¥2300／シン ピュルテ

Column 2

クレンジングでメイクを落とすときは

私には、20代の頃、マクロビ食にストイックになりすぎた経験があります。でも、ガチガチなのは端から見たら美しくありませんよね。今は自然食をベースに、たまにはフルコースのディナーを堪能したり、甘いものもいただいたりと、さまざまなことをバランスよく欲張りに楽しむのが素敵だなと思っています。

美容も同じ。石けんオフメイクに興味をおもちになったとしても、ポイントメイクはやっぱり変えられないという方や、休日だけ石けんオフを取り入れたいという方もいると思います。そんな方は、使うクレンジングに少し気をつけてみましょう。私のおすすめはクリームタイプ。油分と界面活性剤の両方でメイクを浮かせるので肌の潤いを奪いすぎることなく、すすぎもスムーズです。活性剤の種類にもこだわった、ナチュラルコスメから選びましょう。

おすすめはクレンジングクリーム

油分でメイクを浮かせるから
界面活性剤が少なくて済む

メイクとのなじみが良く、すすぎもスムーズなのがクリームタイプ。コットンに含ませて目元や口元を拭き取れば、ポイントメイクリムーバーとして使うこともできます。

〈右〉天然の乳化剤である大豆レシチンで洗浄。リラックスアロマクレンジングクリーム ローズ 150g ¥4300／アムリターラ
〈左〉オリーブ油由来の洗浄剤使用。洗顔兼クレンジングとして使える。クレンジングクリーム 200mL ¥4600／トリロジー

その他のクレンジング料の特徴

ウォータータイプ

コットンで拭き取るだけと手軽ですが、水分ではメイクが浮かない分、界面活性剤の量が多く必要に。コットンによる摩擦も気になります。

オイルタイプ

水となじまないオイルを乳化させて落とすために界面活性剤を多く配合しているので脱脂力が強く、肌が乾燥しがち。メイク落ちは抜群です。

ミルクタイプ

油分より水分が多いため、洗浄力はマイルド。ミルクでもよく落ちるとうたわれているものは、その分界面活性剤の量が多い傾向があります。

ジェルタイプ

メイク落ちの良いオイルジェルタイプと、穏やかな洗浄効果の水性ジェルタイプがあり。クリームの次に肌への負担が少なく、マイルドです。

Chapter

7

クレンジングをやめると、シンプルスキンケアで生きていける

人間は本来、自然の一部。人工的に肌に何かを与えないと潤いや健康を保てないようにはできていません。

でも肌への影響が大きいクレンジングを続けるとバリア機能が乱れて肌が乾燥し、こってり重いスキンケアでないと潤いを保てなくなったり、バランスをくずして常にニキビが……といったトラブルに見舞われるのです。

落ちにくいメイクをやめ、汚れは石けんで落とせば、肌のバリア機能は保たれ、シンプルなスキンケアでも美肌を保てます。

この章は、そんな肌本来の機能を生かすスキンケアのお話です。

クレンジングが肌に与える
悪影響をおさらい

　肌のメカニズムは、実によくできています。肌（表皮）の細胞は、表皮の奥の基底層というところで生まれ、成長しながら上へと移動し、最表面の角層へたどり着くと死んでしまいます。死ぬ瞬間に、これまで溜めていた脂質を外に解き放ち、細胞自身は固く平たくなって肌を守るバリケードになるのです。脂質は、角層の隙間を埋めて潤いを守る「細胞間脂質」に。また、肌の皮脂腺から分泌される皮脂が汗と混ざり合って、角層の表面に皮脂膜を形成。潤いを守り、菌が繁殖しにくい弱酸性に保っています。

　クレンジングは界面活性剤による脱脂力が強いため、この細胞間脂質や皮脂膜まで洗い流してしまうところが問題。ごっそり落とした肌の潤いをクリームなどで補うのではなく、石けん洗顔で肌の潤いを守り、足りない分だけ補うというスキンケアが、理にかなっているのです。

落ちにくいメイクをしていると……

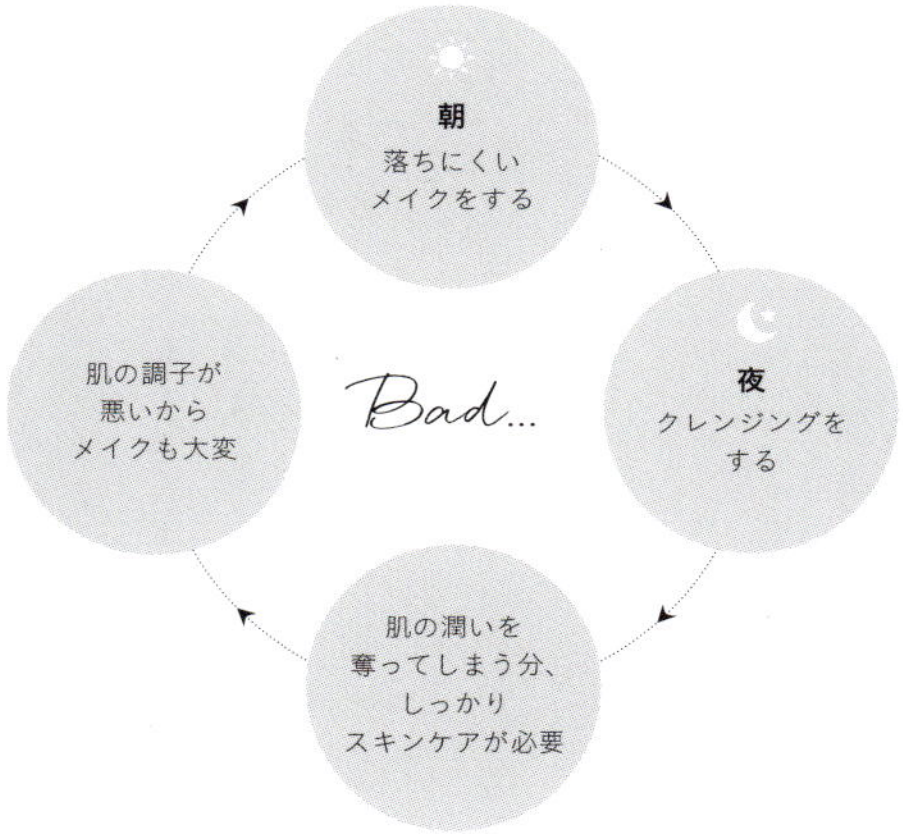

石けんオフメイクだと……

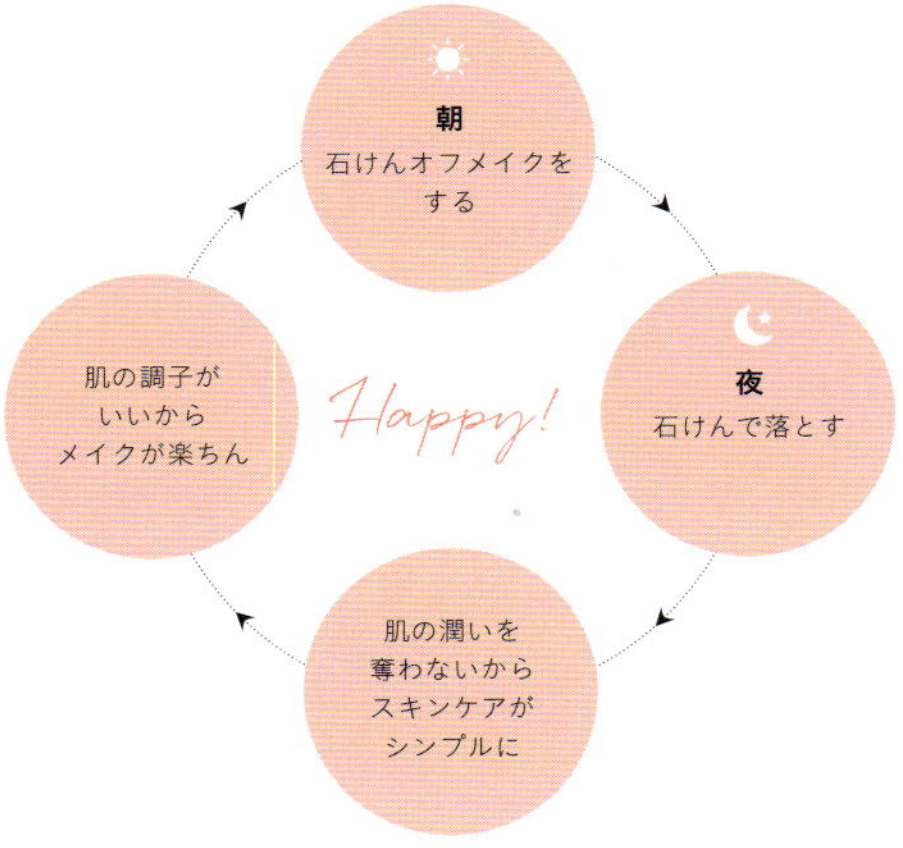

日々のクレンジングで肌が本来もつ潤いを奪ってしまうと、潤いバランスが乱れて乾燥や肌荒れなどトラブルを感じやすい肌に。石けん洗顔でも多少の潤いは奪われるものの、シンプルなスキンケアで復活。本来の機能を妨げていないから、キメが整ってトラブルが起こりにくい、健康な美しさへ。ひいては若々しさにもつながるのです。

基本のスキンケアは、
化粧水＋バーム

必要以上に落としすぎない石けん洗顔を始めれば、〝必要以上に与える〟必要もありません。日々のお手入れは、ナチュラルな成分で作られた化粧水とバームという2ステップで充分。

石けんはアルカリ性なので、洗顔後の肌は不安定なアルカリ性に傾いています。そのままでも時間が経てば弱酸性に戻りますが、化粧水で上質な水分を与えながら、なるべく早く弱酸性に戻してあげることが大切です。石けん洗顔後の肌には細胞間脂質や皮脂膜もある程度残っているので、水分はなじみにくいものですが、海洋深層水や温泉水、果汁入りの水をベースにすると、肌に同化するようになじみます。

その後は、皮脂に近い組成のバームで保湿を。健康な肌でも、加齢によって皮脂量は減少し、肌質によっては皮脂がもともと少ないことも。バームで潤いを守り、艶やかに仕上げましょう。

Step 1 *Lotion*

化粧水

洗顔後の肌を弱酸性に戻し
細胞を上質な水で満たす

洗顔後のアルカリ性に傾いた肌に保湿化粧水を素早くなじませることで、肌が弱酸性に戻ります。細胞が健康で力を発揮するには水分が必要。キメのひとつひとつを水分で満たすと、ふっくらとした透明感が出ます。

Step 2 *Balm*

バーム

皮脂膜の代わりとなって
肌の水分蒸散を防ぐ

肌に本来備わっている細胞間脂質や皮脂膜には、油脂だけでなく、コレステロールなどさまざまな成分が含まれています。その組成に近いのが、バームです。肌にすっとなじんで水分を閉じ込め、健康な状態をサポート。

Step 1

Lotion 化粧水の選び方＆使い方

肌なじみのいいものを
コットンか手でたっぷり

健康な肌には細胞間脂質や皮脂膜といった油分があるので、水分がうまくなじみません。バリア機能を乱す合成成分を使用して浸透を高めているものもありますが、そうではなく、天然水やフルーツ、ハーブのエキスなどで肌なじみを良くしたものを選んで。コットンで優しくなじませるか、手で数回に分けてたっぷり重ねます。

a. 潤いが届きにくい目元のくぼみなどにもなじませるには、コットンが活躍。なめらかな肌あたり。オーガニックピュアコットン 50枚入り ¥550 **b.**MiMCでは化粧水を2本重ねるお手入れを推奨。これは2本目に使うエイジングケアタイプ。ビューティー ビオファイター プリンセスケア 150mL ¥5000 **c.**1本目の化粧水。肌を引き締め、抗酸化成分が外敵から守る。ビューティー ビオファイター ピュアフルーティー 155mL ¥3700／すべてMiMC **d.** とろみのある保湿化粧水。ワイルドローズ モイスチャーローション 100mL ¥3800／ヴェレダ **e.** アロエベラジュースがベースに。サンタベルデ フェイシャルトナー・センシティブ 100mL ¥4500／ロゴナジャパン **f.** ハマメリスのエキスが肌を引き締める。ミストタイプ。フェイシャルトナー 100mL ¥4200／ドクターハウシュカ

肌と同化するようになじむ
化粧水カタログ

Step 2

Balm バームの選び方&使い方

皮脂膜のサポートに
ごく薄くなじませる

バームとは、室温では固形の植物油脂(ワックスなど)やオイルをベースに植物エキスなどの美容成分を加え、なめらかに仕上げたもの。乳化剤なしで作れないクリームは肌のバリア機能に影響を与えてしまうので、化粧水の後はバームがおすすめ。香りや感触の好みで選びましょう。指に薄くのばし、押さえるようになじませます。

a. ブドウ種子やローズヒップなどの抗酸化オイルたっぷり。カレンデュラのエキスが肌を鎮静してくれる。フリュール ヴィブラント バーム コンセントレ A 8.1g ¥10000/インフィオレ　**b.** ローズヒップオイルやアーモンドオイルが肌を健やかに。エブリシング バーム 95mL ¥4000/トリロジー　**c.** ハスやモモ、ザクロ、カミツレなどの美容エキスたっぷり。ベタつかずサラッと仕上がるので、メイク下地にも使える。エッセンスハーブバームクリーム 8g ¥3800/MiMC　**d.** ヨモギやビワ、ドクダミといった日本古来の美肌エキスにラベンダーをプラス。ミツロウベースのコクがあるバーム。24h オールインワン ナチュラルクリーム 45g ¥3334/24h cosme

潤いを閉じ込めてベタつかない
バームカタログ

b

a

c

d

必要に応じてプラスする
オプションケア

バリア機能の高い健康な肌を保つためのお手入れは化粧水＋バームで充分ですが、さらにワンランク上の美肌を目指したいという方に、私がおすすめしているのはオイルと美容液です。

　オイルで取り入れたいのは、ズバリ、肌の細胞膜を作るのに欠かせない不飽和脂肪酸。オメガ３、オメガ６と言われているものです。体内では作れないので、口から取り入れるか肌に塗るしかありません。その他、植物のオイルには紫外線から肌を守る抗酸化作用もあります。

　美容液は、小ジワや毛穴、ハリのなさなど、気になる肌悩みをケアするためのもの。ＭｉＭＣでは、潤いをたっぷり抱え込んでハリも出る美容液をご用意しています。美容液の中には、浸透を促す乳化剤や、見た目にすぐツヤとなめらかさの出るポリマーを配合しているものもあるので、選ぶときは注意が必要です。

Option 1　*Oil*

オイル

肌を作るための栄養や
紫外線と戦う力をチャージ

肌の調子がなんとなく優れない。乾燥しやすく、ツヤやハリが不足している……と感じたときは、細胞膜の元であるオメガ3＆6のオイルを。食事でこれらが不足している方は、塗るとオイルとは思えないほどにぐんぐん入ってしまいます。他に、アルガンオイルやシアバターなど日差しの強い地域で育つ植物のオイルには、紫外線から肌を守る効果があります。塗るタイミングは洗顔後すぐと化粧水の後。2回に分けて少量ずつなじませると、ベタつかず肌がもっちり、なめらかな感触に。

オイルの取り入れ方

バーム ◀ **オイル** ◀ 化粧水 ◀ **オイル** ◀ 洗顔

Option 2 *Serum*

美容液

ハリのなさや乾燥などの気になる悩みにプラス

美容液は、肌の悩みをケアするために、いつものお手入れにプラスして使うもの。ただ、毛穴の引き締めや皮脂分泌抑制などは化粧水に配合されている植物エキスでできるので、ナチュラルコスメの美容液は主にハリを出したり、小ジワをケアしたり、より潤いをたっぷり抱え込むエイジングケア美容液が多いようです。塗るタイミングはオイル同様、洗顔後すぐと化粧水の後。洗顔後はたっぷり、化粧水の後はやや少なめに。オイルを併用する場合は、オイルの前に美容液を使います。

美容液の取り入れ方

バーム ◀ **美容液** ◀ 化粧水 ◀ **美容液** ◀ 洗顔

こんなアイテムがおすすめです

Option 1

オイル

酸化を防ぐ小分けタイプのオイル。〈上〉オメガ3、6を豊富に含む、コールドプレスの植物オイルをブレンド。オーガニックオメガチャージ 50粒入り ¥15000／MiMC 〈下〉エイジングケア効果の高い10種類の植物オイルをブレンド。ビューティーエイジトリートメントオイル 24粒入り ¥3500／アムリターラ

Option 2

美容液

〈右〉肌の天然保湿因子と水分、油分のバランスを整え、もっちりとハリのある肌へ。ナチュラルトリートメントアップチャージ 30mL ¥12000／MiMC 〈左〉抗酸化力の高い14種の植物エキスを凝縮。潤いとハリ、透明感のある肌へと導く。アドバンスドクリアリバースセラム 30mL ¥6000／アムリターラ

お手入れの最後は「スキンケアパウダー」で心地よく

MiMCの人気アイテムであり、私もスキンケアの最後に日々使用しているのが、シルク100%のスキンケアパウダー。18種のアミノ酸を含み、外側さらり、内側しっとりに仕上がります。朝使えばメイクのノリもよく。モイスチュアシルク 8g ¥5200／MiMC

Column 3

安達祐実さん×北島 寿 対談

石けんオフでも、
メイクって自由に楽しめる！

北島　撮影、お疲れさまでした！　一冊丸ごと安達さんにモデルを務めていただくなんて、夢のようです。どのメイクもお似合いでしたし、何よりお肌がツヤっとしてとてもきれいでした。

安達　ありがとうございます。たくさんカット数があったのでメイクを何度もチェンジしましたが、コスメがすごく軽くて、肌への負担の少なさを実感しました。

北島　肌を覆わない軽さは、ミネラルや天然素材を使ったコスメならではですね。

安達　軽いのに発色はとても良くて、ヌーディからモードまで、幅広いイメージのメイクを楽しめるところにも驚きました。

北島　ＭｉＭＣでは、ブルーは天然石の色、赤はパプリカのオイルなど、自然界にあるもので鮮やかに着色しています。ナチュラルコスメでもおしゃれを楽しめるように、色はトレンドを意識していますね。ミネラルと植物オイルの配合によってツヤも自在に調整できるんですよ。

安達　だから石けんで全部落とせるんですね。洗顔のシーンの撮影は、ブルーのアイシャドウを使ったメイクの顔でそのまま行ったのですが、一度に全部落ちてすっぴんに戻れました。

北島　撮影以外、プライベートではあまりメイクをしない女優さんも多いと聞いたことがあります。安達さんはいかがですか？

安達　私はメイクが好きなので、家族と出かけるときも楽しんでいます。でも、撮影では役柄によってメイクが濃かったり、ときには顔に泥を塗って何時間も過ごしたりと、肌に負担をか

Column 3

安達祐実さん×北島 寿 対談

石けんオフでも、メイクって自由に楽しめる！

けていると思うので、オフの日はなるべく肌を休ませたいという思いも。ＭｉＭＣのカウンターに行ったことをきっかけに石けんオフメイクを知って、気持ち的にもラクになりました。

北島 お肌に変化はありましたか？

安達 すごい乾燥肌だったのですが、少し落ち着いた気がします。あと、肌にツヤがあると褒められることが増えました。

北島 もしかしたら、乾燥肌だと思い込んでいただけかもしれませんね。

安達 今までは落とすことに頓着していなくて。洗顔を変えると、肌が変わると実感しました。

北島 これからもぜひ、続けてみてください。

安達 はい！ 撮影のメイクにも取り入れていけたらいいなと思っています。

石けんオフメイク体験談２〜５
MiMCユーザー篇

体験談２ ▷ 和田良子さん（会社員・34歳）

肌が息苦しくない！　心地よく過ごせる石けんオフメイクに夢中

体調をくずして入院したことがあり、それをきっかけに生活を見直すように。まず食べ物をオーガニックに替え、その後、MiMCのコスメを使うようになりました。最初に「ミネラルクリーミーファンデーション」を使ったら、普段は何も言わない夫が「肌の調子が良さそうだね」って。今はポイントメイクまですべてMiMCです。リキッドアイライナーや眉マスカラまであって幅広く、メイクする楽しみを満喫できます。そして、肌が息苦しくない！　メイクで覆っている感じがまったくなく、心地よく過ごせるところが最高です。

夜は石けんで落とせるからラクだし、肌の調子も以前より良くなりました。乾燥肌なのに脂っぽいのが悩みでしたが、トラブルが減ったのを実感しています。

体験談３ ▷ 久住麻里奈さん（会社員・27歳）

肌ヂカラが戻ってきた感じ。
スキンケアもシンプルに！

　この１年ほど、MiMCのコスメを愛用しているのですが、最初のうちは心配で（笑）、クレンジングで落としていたんです。でも思い切って石けんで洗ってみたら、全部きれいに落ちてびっくり。遅く帰った夜も、とりあえず洗顔だけして寝よう、というのができるようになりました！　以前はダブル洗顔が面倒で、つい洗わないで寝ちゃう……ということもあったんです。

　クレンジングをやめたら、肌荒れや吹き出物もすっとおさまりました。以前は乾燥していて、肌に守る力がなかったのかも。スキンケアもシンプルになりました。乾燥を気にしてクリームをたくさん塗っていたのをやめ、美容液、化粧水、バームだけでも充分潤うように。肌ヂカラが戻ってきたのがうれしいです。

石けんオフメイク体験談１はP.36をご覧ください。

体験談4 ▷ 谷口きよ子さん（主婦・52歳）

ひどい乾燥肌が、普通肌に。
メイクくずれもなくなりました

若い頃はニキビが多い脂性肌でしたが、忙しく働くうち乾燥肌になりました。しっとりとノリのいいリキッドファンデーションを使い、毛穴の中まで落とすためにオイルクレンジングをしていたら、ますます乾燥が悪化。薄化粧に替えたら紫外線を防げなくてシミが増えたり……と、美容には試行錯誤の日々でした。

友人に教わってMiMCを知り、まずはスキンケアから取り入れたら肌の調子が良くなったので、ファンデーションも使い始め、4年前にすべてを石けんオフメイクに替えました。あれだけ乾燥していたのが嘘のように、今は調子のいい普通肌をキープ。昔はメイクくずれがひどかったのですが、今は汗をかいても落ちることがなく、メイク直しの必要もなくなりました。

体験談５ ▷ 上原愛子さん（会社員・25歳）

つっぱらない石けん洗顔に替えて
皮むけや乾燥肌にさようなら

MiMCの販売スタッフをしています。4年前までは美容師で、派手なメイク＆オイルクレンジングを使っていましたが、カラー剤などに触れるうち幼少時のアトピー性皮膚炎が再発。辞めざるを得なくなりました。

友人に教わったMiMCのカウンターでオイル美容液の「オーガニックオメガチャージ」を購入し、つけたら調子が良かったので、3年前、コスメをすべてMiMCに。同時にカウンターで働き始めました。石けん洗顔に替えたら徐々に肌の皮むけがなくなり、乾燥しなくなってきました。洗顔後もつっぱらないし、自分がその良さをわかっているので、自信をもっておすすめできます。ファンデーションひとつとっても種類が多くて、シーンに合わせたメイクを楽しめるのがいいですね。

Epilogue

おわりに

　石けんの起源は、なんと紀元前３０００年頃にまでさかのぼるそうです。メソポタミアのシュメール人も使っていたと知ると、自然生まれの石けんで洗顔する時間が、より特別なものに思えます。現代社会で忙しく生きる私たちが、「人類初の洗浄剤」で肌をリセット。なんだか生きる力まで湧いてくる気がしませんか。

肌と心にダイレクトに作用する自然の力に惹かれて、自然由来のメイクコスメと、それを優しく落とす石けんを追求してきました。今回は素敵なクリエイターのみなさまのご協力を得て、本という形で思いを世に届けられて、とても幸せです。

最後に、思いをともにして走り続けてきたＭｉＭＣのスタッフ、いつもＭｉＭＣを支持してくださるお客様、そして夢にまっしぐらな私を支えてくれる家族に、心からのありがとうを。

北島寿

SHOP LIST

Cosmetics

アットスター	0120-874-177
アムリターラ	0120-980-092
インフィオレ	0120-559-887
ヴェレダ・ジャパン	0120-070-601
えそらフォレスト	0120-052-986
エトヴォス	0120-0477-80
MiMC	03-6421-4211
エム・アール・アイ	03-6419-7368
クリニーク	03-5251-3541
クルールキャラメル	03-5458-8182
コスメキッチン	03-5774-5565
Coyori	0120-175-375
シービック	03-5414-0841
シン ピュルテ	0120-207-217
ドクターハウシュカ	03-5833-7022
トリロジー	03-5484-3483
ナチュラルハーティーマーケット	03-6453-9635
24h cosme	0120-24-5524
ネイチャーズウェイ（チャントアチャーム）	0120-070-153
ネイチャーズウェイ（ナチュラグラッセ）	0120-060-802
フローフシ	03-3584-2624
ベアミネラル	0120-24-2273
ヤーマン	0120-776-282
RED	03-6421-4323
レミオ・ジャパン	042-810-0861
ロゴナジャパン	03-3288-3122

Clothing

アーバンリサーチ 表参道ヒルズ店	03-6721-1683
アーバンリサーチ ロッソ ルミネ有楽町店	03-6273-4177
ete	0120-10-6616
オットダム 銀座店	03-6264-5432
カオル 伊勢丹新宿本店	03-3358-6385
ショールーム セッション	03-5464-9975
スタイルデパートメント	03-5784-5430

※商品の価格は税抜き表示です。
※掲載の情報は2017年8月現在のもので、変わる可能性があります。

CLOTHING LIST

P.24, 86	ブラウス／オットダム（オットダム 銀座店）、ピアス／ファリス（アーバンリサーチ ロッソ ルミネ有楽町店）
P.37, cover	パンツ／プレット（スタイルデパートメント）、ネックレス／マリハ（ショールーム セッション）
P.41	タートルネックニット／プレット（スタイルデパートメント）、ピアス／マリハ（ショールーム セッション）
P.52	Tシャツ／エイトン（アーバンリサーチ ロッソ ルミネ有楽町店）、ピアス／カオル（カオル 伊勢丹新宿本店）、リング／ete
P.53	ワンピース／オットダム（オットダム 銀座店）、イヤリング／ete
P.69, cover	ブラウス／オットダム（オットダム 銀座店）、パンツ／バイ マレーネ ビルガー（アーバンリサーチ 表参道ヒルズ店）、ピアス／マリハ（ショールーム セッション）、リング／ete
P.84, 98	プルオーバー、コート、パンツ／すべてプレット（スタイルデパートメント）
P.88	ネックレス／マリハ（ショールーム セッション）
P.90, cover	シャツ、ベルト／プレット（スタイルデパートメント）

※記載がない衣装はすべてスタイリスト私物

STAFF

Model　安達祐実

Photographs　サトウノブタカ（mili）〈 cover, model 〉
加藤新作〈 still life 〉
釜谷洋史〈 cut out 〉
榎本麻美〈 P136-139 〉

Hair & make-up　河嶋 希（io）〈 cover, model 〉
横井七恵（S.HAIR SALON）〈 for 北島 寿 〉

Styling　森山優花（S-14）〈 cover, model 〉
山本瑶奈〈 still life 〉

Illustrations　上楽 藍

Book design　米持洋介（case）
内村美早子（anemone graphic）

Edit & text　大塚真里

北島 寿

Kotobuki Kitajima

1971年生まれ。100% ナチュラルのミネラルコスメ「MiMC（エムアイエムシー）」開発者兼代表取締役。東北大学大学院理学研究科博士課程前期修了。日本の自然派化粧品会社に勤めた後、2001 年にアメリカ西海岸に渡りオーガニック化粧品や先進的美容治療のマーケティングを学ぶ。2007 年に「MiMC」を設立。現在は新宿髙島屋をはじめ百貨店に 4 つの直営店があるほか、コスメキッチンなど全国のセレクトショップで取り扱いのある人気ブランドに。

www.mimc.co.jp

クレンジングをやめたら肌《はだ》がきれいになった

2017 年 9 月 15 日　第 1 刷発行
2019 年 10 月 30 日　第 8 刷発行

著　者　北《きた》島《じま》 寿《ことぶき》
発行者　鳥山 靖
発行所　株式会社　文藝春秋
〒 102-8008
東京都千代田区紀尾井町 3-23
電話 03-3265-1211

印刷・製本　図書印刷
DTP 制作　エヴリ・シンク

ISBN 978-4-16-390717-8
Printed in Japan